Marketingübungsbuch

Gianfranco Walsh · David B. Dose
Christopher Funke

Marketingübungsbuch

Aufgaben und Lösungen

3., überarbeitete und erweiterte Auflage

Gianfranco Walsh
Leibniz Universität Hannover
Hannover, Deutschland

David B. Dose
University of Exeter Business School
EXETER, UK

Christopher Funke
Leibniz Universität Hannover
Hannover, Deutschland

Die 2. Auflage ist unter der Autorenschaft von Prof. Dr. Gianfranco Walsh, David Dose und Maria Schwabe erschienen.

ISBN 978-3-662-65127-8   ISBN 978-3-662-65128-5 (eBook)
https://doi.org/10.1007/978-3-662-65128-5

Die Deutsche Nationalbibliothek verzeichnet diese Publikation in der Deutschen Nationalbibliografie; detaillierte bibliografische Daten sind im Internet über http://dnb.d-nb.de abrufbar.

Springer Gabler
© Der/die Herausgeber bzw. der/die Autor(en), exklusiv lizenziert an Springer-Verlag GmbH, DE, ein Teil von Springer Nature 2013, 2016, 2022

Das Werk einschließlich aller seiner Teile ist urheberrechtlich geschützt. Jede Verwertung, die nicht ausdrücklich vom Urheberrechtsgesetz zugelassen ist, bedarf der vorherigen Zustimmung des Verlags. Das gilt insbesondere für Vervielfältigungen, Bearbeitungen, Übersetzungen, Mikroverfilmungen und die Einspeicherung und Verarbeitung in elektronischen Systemen.

Die Wiedergabe von Gebrauchsnamen, Handelsnamen, Warenbezeichnungen usw. in diesem Werk berechtigt auch ohne besondere Kennzeichnung nicht zu der Annahme, dass solche Namen im Sinne der Warenzeichen- und Markenschutz-Gesetzgebung als frei zu betrachten wären und daher von jedermann benutzt werden dürften.

Der Verlag, die Autoren und die Herausgeber gehen davon aus, dass die Angaben und Informationen in diesem Werk zum Zeitpunkt der Veröffentlichung vollständig und korrekt sind. Weder der Verlag, noch die Autoren oder die Herausgeber übernehmen, ausdrücklich oder implizit, Gewähr für den Inhalt des Werkes, etwaige Fehler oder Äußerungen. Der Verlag bleibt im Hinblick auf geografische Zuordnungen und Gebietsbezeichnungen in veröffentlichten Karten und Institutionsadressen neutral.

Lektorat/Planung: Angela Meffert
Springer Gabler ist ein Imprint der eingetragenen Gesellschaft Springer-Verlag GmbH, DE und ist ein Teil von Springer Nature.
Die Anschrift der Gesellschaft ist: Heidelberger Platz 3, 14197 Berlin, Germany

Vorwort zur dritten Auflage

Die zweite Auflage unseres Marketingübungsbuches fand sowohl bei Dozierenden als auch Studierenden des Marketing breiten Anklang. In der nun 3. Auflage des Buches führen wir die bewährte Struktur der ersten beiden Auflagen weiter und ermöglichen Dozierenden, Studierenden und allen Marketinginteressierten weiterhin eine theoretisch fundierte und anwendungsorientierte Auseinandersetzung mit zentralen Konzepten und Methoden des Marketing. Die Neuauflage haben wir genutzt, um alle Kapitel vollständig zu aktualisieren und zu überarbeiten. Zudem haben wir das Übungsbuch durch neue und zusätzliche Aufgaben erweitert, um aktuelle Entwicklungen im Marketing entsprechend zu würdigen. Insbesondere wurden dabei neue Aufgaben aus dem Bereich „digitales Marketing" wie auch Aufgaben zu gängigen analytischen Verfahren, die zur Unterstützung von strategischen Marketingentscheidungen verwendet werden, berücksichtigt. Zu guter Letzt haben wir an einigen Stellen anschauliche Abbildungen eingearbeitet, um die didaktische Qualität des Übungsbuches weiter zu verbessern.

Wir wünschen bei der Nutzung des Übungsbuches und der Bearbeitung der Aufgaben weiterhin viel Erfolg und freuen uns auch zukünftig über konstruktive Anregungen.

Schließlich sei uns noch ein Hinweis erlaubt: Sollte in einzelnen Aufgaben eine Beschränkung auf die weibliche Form erfolgen, ist selbstverständlich auch immer die männliche Form mit umfasst, und umgekehrt.

Hannover, Exeter

Gianfranco Walsh
David Dose
Christopher Funke

Vorwort zur zweiten Auflage

Die Erstauflage dieses Übungsbuchs fand eine breite und positive Resonanz. In dieser erweiterten Neuauflage haben wir Rückmeldungen und Anregungen aufgegriffen, um verschiedene Verbesserungen vorzunehmen. Zum einen sind in den meisten Kapiteln neue Aufgaben hinzugekommen. Dadurch ist die Zahl der Aufgaben pro Kapitel nun weitgehend gleich groß. Zum anderen wurden viele bestehende Aufgaben mit dem Ziel aktualisiert, die didaktische Qualität weiter zu erhöhen.

Auch bei der Nutzung der zweiten Auflage des Buchs wünschen wir viel Erfolg und freuen uns über weitere konstruktive Anregungen.

Jena

Gianfranco Walsh
David Dose
Maria Schwabe

Vorwort zur ersten Auflage

Dieses Übungsbuch ist thematisch an das Lehrbuch „Marketing – Eine Einführung auf Grundlage von Case Studies" von Gianfranco Walsh, Alexander Deseniss und Thomas Kilian angelehnt und übernimmt entsprechend die Gliederungssystematik aus dem Lehrbuch. Die 13 Kapitel enthalten Aufgaben, die zentrale Themenfelder des Marketing abdecken und bereits intensiv im Hochschulunterricht didaktisch getestet wurden. Nutzer des Übungsbuchs können so Stoff aus dem Lehrbuch kapitelweise vertiefen. Zahlreiche Übungsaufgaben bieten die Möglichkeit, aktuelle Ideen, Konzepte und Methoden des Marketing in vertiefter Form zu behandeln. An jede Aufgabe schließt sich die dazugehörige Lösung an, so dass unmittelbar der Bearbeitungserfolg überprüft werden kann. Auch für sich genommen erlaubt dieses Übungsbuch eine anwendungsorientierte Auseinandersetzung mit Marketinginhalten. Folglich richtet es sich vor allem an Studierende betriebswirtschaftlicher Studiengänge, aber auch an Dozenten, die anwendungsorientierte Kenntnisse aus dem Marketing vermitteln möchten.

Wir wünschen bei der Nutzung des Buchs viel Erfolg und freuen uns über konstruktive Anregungen.

Jena

Gianfranco Walsh
David Dose
Simon Brach
Arne Albrecht

Inhalt

Vorwort zur dritten Auflage V
Vorwort zur zweiten Auflage VI
Vorwort zur ersten Auflage VII

Teil I: Grundlagen des Marketing 1

1 Grundlagen des Marketing 3

Teil II: Informationsmanagement im Marketing 9

2 Konsumentenverhalten 11
3 Marktforschung 19

Teil III: Strategische Marketingplanung 29

4 Strategisches Marketing 31
5 Customer Relationship Management 41

Teil IV: Operative Marketingplanung 57

6 Produktpolitik 59
7 Preispolitik 73
8 Vertriebspolitik 83
9 Kommunikationspolitik 99

Teil V: Marketing in speziellen Anwendungskontexten 107

10 Investitionsgütermarketing 109
11 Dienstleistungsmarketing 115
12 Online-Marketing 127
13 Internationales Marketing 133

Literatur 143
Die Autoren 145

Teil I: Grundlagen des Marketing

1 Grundlagen des Marketing

Aufgabe 1: Duales Konzept des Marketing

Was ist die zentrale Aussage des dualen Konzepts der marktorientierten Unternehmensführung?

Lösung:

Es existieren mehrere Interpretationen des Marketing-Begriffs:

- Marketing als Funktion, welche die Planung, Koordination und Kontrolle aller auf die Absatzmärkte gerichteten Unternehmensaktivitäten beinhaltet.
- Marketing kann als Unternehmensphilosophie interpretiert werden, d. h. als bewusst marktorientierte Führung des gesamten Unternehmens. Diese Interpretation weitet die Marktorientierung auf alle Personen und Funktionen aus, die den Erfolg eines Unternehmens auf dem Absatzmarkt beeinflussen.
- Die gleichzeitige Betrachtung beider Interpretationen, d. h. Marketing als gleichberechtigte Linieninstanz und als Unternehmensphilosophie, wird auch als „duales Führungskonzept" bezeichnet.
- Marktorientierte Unternehmensführung bzw. Marketing ist ein Führungskonzept des gesamten Unternehmens, das vor allem die zielorientierte, systematische Gestaltung von Austauschprozessen mit den verschiedenen Umweltpartnern umfasst.

Aufgabe 2: Broadening und Deepening des Marketing[1]

Was versteht man unter Broadening und Deepening des Marketing?

Lösung:

Die Entwicklung des Marketing von einer reinen Absatztechnik bzw. von einem unternehmerischen Instrumentalbereich hin zu einem Führungskonzept für Unternehmen brachte eine Erweiterung der Anwendungsfelder des Marketing mit sich. Diese Erweiterung der Anwendungsfelder hat sich in Form des Broadening und Deepening des Marketing vollzogen.

Seit ca. Ende der 1960er Jahre war zu beobachten, dass – vor allem aufgrund von sozialen und gesellschaftlichen Veränderungen – das Marketingkonzept auf Bereiche übertragen wurde, denen die Marketinganwendung zuvor fremd war. Es ist quasi zu einer Verbreite-

---

[1] In Anl. an Walsh/Deseniss/Kilian (2020), S. 9f.

rung (= Broadening) der Anwendung des Marketing gekommen. So nutzen nicht nur kommerzielle Organisationen Marketingkonzepte, sondern auch Organisationen wie Behörden oder gemeinnützige Einrichtungen, die keine Gewinnerzielungsabsicht haben.

Aus der Diskussion zur Neuorientierung des Marketing auf breitere Verwenderkreise ist in den 1970er Jahren die Forderung nach einer Vertiefung (= Deepening) des Marketing entstanden. Mit Vertiefung ist vor allem eine Erweiterung der Zielinhalte und Ausrichtung der Adressaten des Marketing gemeint. Durch die Berücksichtigung von bspw. ökologischen, humanistischen und ethischen Aspekten sind Unternehmen im Sinne des Deepening aufgefordert, bei ihren Entscheidungen nicht nur Kunden, sondern alle Stakeholder des Unternehmens als wichtige Zielgruppen und somit Adressaten des Marketing zu begreifen.

Aufgabe 3: Push- und Pull-Strategien

Was ist eine „Pull"-, was eine „Push"-Strategie?

Lösung:

- Es handelt sich um zwei Strategietypen bezüglich des nachfragerbezogenen Einsatzes von Marketingressourcen bzw. der geplanten Aufteilung der Kräfte eines Herstellers auf die Bearbeitung der Verwenderstufe einerseits und der Handelsstufe andererseits.
- Pull-Strategie: Konzentration der Anstrengungen auf die Verwenderstufe soll Nachfrage auslösen. Diese veranlasst die eingeschalteten Absatzmittler, die Produkte des Herstellers zu bevorraten; es soll eine Sogwirkung der angestrebten Verwendernachfrage erzeugt werden.
- Push-Strategie: Kräfteeinsatz wird primär auf Absatzmittlerstufe im Markt gelenkt. Händler werden angereizt, die Produkte des Herstellers zu kaufen. Der Hersteller unterstützt den Weiterverkauf; es soll eine Schubwirkung durch Herstelleranstrengungen erzeugt werden.

Aufgabe 4: Relevanz von Stakeholdergruppen

Das Deepening des Marketing beruht auf der Erkenntnis, dass als Zielgruppe sämtliche Stakeholder des Unternehmens (z. B. Gesetzgeber) eine potenziell sehr wichtige Rolle im Hinblick auf den Unternehmenserfolg spielen. Um die Relevanz der verschiedenen Stakeholder hinsichtlich der geplanten Marketingkonzeption zu beurteilen, können Unternehmen Schätzmethoden wählen. In der folgenden Tabelle sind Stakeholder, deren relative Wichtigkeit (Gewichtung) sowie deren Punktwert aufgeführt:

Grundlagen des Marketing

Stakeholdergruppe	Gewichtung	Punktwert (1-5)
Marktteilnehmer:		
- Kunden	0,20	4,00
- Wettbewerber	0,20	5,00
- Lieferanten	0,10	4,00
Gesellschaftliche Anspruchsgruppen:		
- Medien	0,15	2,00
- Öffentlichkeit	0,10	4,00
- Verbände	0,05	3,00
Politische Anspruchsgruppen:		
- Parteien	0,10	2,00
- Nicht-Regierungsorganisationen	0,05	3,00
- Bürgerinitiativen	0,05	2,00

Berechnen Sie für die einzelnen Stakeholder die relative Wichtigkeit (gewichteter Wert) sowie die Wichtigkeit der drei Stakeholdergruppen. Welche sind die wichtigsten Stakeholder und welche ist die wichtigste Stakeholdergruppe?

Lösung:

Stakeholdergruppe	Gewichtung	Punktwert (1-5)	Gewichteter Wert	Σ
Marktteilnehmer:				
- Kunden	0,20	4,00	0,80	
- Wettbewerber	0,20	5,00	1,00	
- Lieferanten	0,10	4,00	0,40	2,20
Gesellschaftliche Anspruchsgruppen:				
- Medien	0,15	2,00	0,30	
- Öttentlichkeit	0,10	4,00	0,40	
- Verbände	0,05	3,00	0,15	0,85
Politische Anspruchsgruppen:				
- Parteien	0,10	2,00	0,20	
- Nicht-Regierungs- organisationen	0,05	3,00	0,15	
- Bürgerinitiativen	0,05	2,00	0,10	0,45

Für das hier betrachtete Unternehmen sind die „Wettbewerber" die wichtigsten Stakeholder (gewichteter Wert von 1,0) und „Marktteilnehmer" sind die wichtigste Stakeholdergruppe (Gesamtwert von 2,20).

Aufgabe 5: Berechnung der Gewinnschwelle

Das Unternehmen „Porzellani AG" stellt verschiedene Porzellanprodukte her und hat für den Absatz seines neuen Produktes im Rahmen einer Marktforschung die folgenden Preise (p) und Absatzmengen (x) ermittelt:

p	60	50	40	30	20	10	0
x	0	15	30	45	60	75	90

Die Fixkosten betragen dabei 900 € und die variablen Kosten 10 €.

a) Bestimmen Sie rechnerisch die Preis-Absatz-Funktion, die Erlösfunktion, die Grenzerlösfunktion, die Gesamtkostenfunktion sowie die Grenzkostenfunktion.

b) Bei einem anderen Produkt hat die „Porzellani AG" die folgende Erlös- und Kostenfunktion ermittelt:

$E(x) = 10x$

$K(x) = 6.000 + 5x$

Bestimmen Sie rechnerisch die Gewinnschwelle.

Lösung:

a)

Preis-Absatz-Funktion:

$p(x) = a + bx$

wobei: a = Sättigungsmenge b = Steigung

1. $60 = a + b * 0$
   $a = 60$

2. $0 = a + b * 90$
   $0 = 60 + b * 90$
   $b = -0,667$
   $p(x) = 60 - 0,67x$

Erlösfunktion:

$E(x) = p(x) * x$
$E(x) = 60x - 0,67x^2$

Grenzerlösfunktion:

E`(x) = 60 – 1,32x

Gesamtkostenfunktion:

K(x) = 900 + 10x

Grenzkostenfunktion:

K`(x) = 10

b)

Gewinnschwelle = Break-Even-Point der Erlös- und Kostenfunktion

E(x) = 10x
K(x) = 6.000 + 5x

E(x) = K (x)
10x = 6.000 + 5x
x = 1.200

Antwort: Die Gewinnschwelle liegt bei einer abgesetzten Menge von x = 1.200.

Teil II: Informationsmanagement im Marketing

2 Konsumentenverhalten

Aufgabe 1: Der Kaufentscheidungsprozess

Was ist der Kaufentscheidungsprozess?

Lösung:

Der Kaufentscheidungsprozess ist ein mehrstufiger Prozess, der vom Konsumenten durchlaufen wird (siehe Abbildung 2.1). Zu Anfang steht die Bedürfniswahrnehmung (z. B. Mobilität), danach folgen Informationssuche (Welche Möglichkeiten gibt es, sich fortzubewegen?), Bewertung von Alternativen (Welche der Möglichkeiten ist am besten?), Kaufentscheidung (ein bestimmtes Auto wird gekauft) und Nachkaufphase (Reflexion über die Kaufentscheidung).

Abbildung 2.1 Kaufentscheidungsprozess

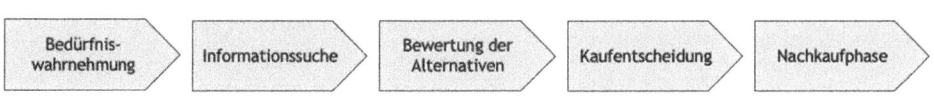

Aufgabe 2: Wechselkaufverhalten von Konsumenten

Sie erhalten von der Marktforschungsabteilung Ihres Unternehmens folgende Darstellung, die das Wechselkaufverhalten von Konsumenten zeigt. Erstellen Sie aus den gegebenen Informationen eine Tabelle, die die Basis der Berechnung von Übergangswahrscheinlichkeiten bildet.

Abbildung 2.2 Wechselkaufverhalten von Konsumenten

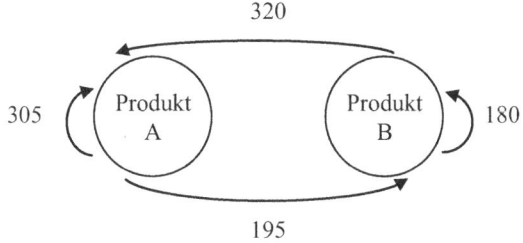

Lösung:

		Käufer des Produkts in Periode t		
		Produkt A	Produkt B	Summe
Käufer des Produkts in Periode t-1	Produkt A	305	195	500
	Produkt B	320	180	500

Aufgabe 3: Fluktuationsmatrizen[2]

Sie arbeiten für den Lüneburger Mineralwasserproduzenten „Laut und Still GmbH", der Mineralwasser mit und ohne Kohlensäure abfüllt und vertreibt. Sie sind verantwortlich für das Produkt „LüneStill", das sich mit den Wettbewerbsprodukten „Wassnass" und „Lautlos" in einem nicht wachsenden Markt befindet. Um einschätzen zu können, wie Ihr Produkt im Vergleich zu den Produkten des Wettbewerbers steht, beauftragen Sie ein Marktforschungsunternehmen, Daten über Wieder- bzw. Wechselkaufverhalten der Kunden zu erheben. Folgende Daten wurden Ihnen zur Verfügung gestellt:

		Käufer der Marke in Periode t		
		LüneStill	Wassnass	Lautlos
Käufer der Marke in Periode t-1	LüneStill	200	0	50
	Wassnass	70	170	100
	Lautlos	90	120	200

a) Ermitteln Sie die Übergangswahrscheinlichkeiten und den Markanteil für jedes Produkt in Periode t-1. Wie schätzen Sie die Marktsituation Ihres Produkts „LüneStill" ein?

b) Diskutieren Sie die Vor- und Nachteile von Fluktuationsmatrizen.

Lösung:

a)

Den Marktanteil für jedes Produkt erhält man durch die Bildung von Zeilensummen in Periode t-1 und Berechnung des absoluten Marktanteils (als Summe der Zeilensummen).

Die Übergangswahrscheinlichkeit ist die Wahrscheinlichkeit, mit der sich ein Konsument zum Zeitpunkt t für das Produkt i entscheidet, während er sich in t-1 für das Produkt j entschieden hat.

---

[2] In Anl. an Homburg (2017), S. 15.

		Käufer der Marke in Periode *t*				Marktanteil in Periode *t*-1
		LüneStill	Wassnass	Lautlos	absolut	in %
Käufer der Marke in Periode *t*-1	LüneStill	200	0	50	250	25 %
	Wassnass	70	170	100	340	34 %
	Lautlos	90	120	200	410	41 %
Marktanteil in Periode *t*	absolut	360	290	350	1.000	
	in %	36 %	29 %	35 %		100 %

Die Marktanteile in *t-1* berechnen sich aus der jeweiligen Zeilensumme geteilt durch die Gesamtverkaufsmenge. Für „LüneStill" bspw. beträgt der Marktanteil 25 % (250 / 1.000).

Matrix der Übergangswahrscheinlichkeiten

		Käufer der Marke in Periode *t*			
		LüneStill	Wassnass	Lautlos	Summe
Käufer der Marke in Periode *t*-1	LüneStill	0,80	0,00	0,20	1
	Wassnass	0,21	0,50	0,29	1
	Lautlos	0,22	0,29	0,49	1

Die Übergangswahrscheinlichkeiten summieren sich zu 1 (Rundungsfehler vernachlässigen).

Beispiel: Die Wahrscheinlichkeit, dass Käufer die Marke „LüneStill" wieder kaufen, liegt bei 80 % (200 / 250). Die Wahrscheinlichkeit, dass ein Käufer, der sich *t-1* für „Lautlos" entschieden hat, in *t* für „LüneStill" entscheidet, beträgt 22 % (90 / 410).

b)

Vorteile von Fluktuationsmatrizen:

- Erlauben, Markenloyalität und -wechsel transparent zu machen
- Daten können relativ einfach über Haushaltspanel beschafft werden
- Ergebnisse sind leicht zu interpretieren

Nachteile von Fluktuationsmatrizen:

- Theorielosigkeit
- Keine verhaltenswissenschaftliche Fundierung

Aufgabe 4: Komponenten von Konsumenteneinstellungen

Was sind Einstellungen? Geben Sie jeweils ein Beispiel für die affektive, kognitive und konative Komponente von Einstellungen.

Lösung:

Einstellungen sind erlernte Reaktionsweisen eines Individuums, die dessen Denken, Empfindungen und Handeln bestimmen[3]. Einstellungen beschreiben folglich die innere Denkhaltungen von Menschen gegenüber anderen Personen, Ideen oder Sachen wie Produkten. Einstellungen können hinsichtlich ihrer Stärke und zeitlichen Stabilität variieren, wobei starke Einstellungen i. d. R. zeitlich stabiler und somit schwerer veränderbar sind. Beim Drei-Komponenten-Ansatz werden drei Einstellungsdimensionen unterschieden: affektive (Fühlen), kognitive (Wissen) und konative (Handeln).

- Affektive Komponente: Ein positives oder negatives Gefühl, das eine subjektive Bewertung beinhaltet. Beispiel: Die Automarke XY zu fahren, ist schlecht; Fleischkonsum ist problematisch.
- Kognitive Komponente: Wissen über das Einstellungsobjekt, das die Bewertung rechtfertigt. Beispiel: Die Automarke „Porsche" verbraucht zu viel Kraftstoff; Motorrad-Fahrer sind unfallgefährdet; Vegetarier leisten einen Beitrag zum Umweltschutz.
- Konative Komponente: Handlungstendenzen, die aus der Bewertung und dem Wissen über das Objekt resultieren. Beispiel: Ich kaufe keine Automarke XY; Ich verzichte auf den Verzehr von Fleisch.

Aufgabe 5: Einstellungsmessung anhand des Fishbein-Modells[4]

Die Einstellungsmessung bei Konsumenten kann mittels unterschiedlicher Ansätze erfolgen. Ein etablierter Ansatz in der Marketingforschung ist das Fishbein-Modell, das durch folgende Formel ausgedrückt wird.

$$A_{ij} = \sum_{k=1}^{n} B_{ijk} * a_{ijk}$$

A_{ij} = Einstellung der Person i zu Objekt j
B_{ijk} = Wahrscheinlichkeit dafür, dass ein Objekt j nach Meinung der Person i eine bestimmte Eigenschaft k besitzt
a_{ijk} = Bewertung des Objektmerkmals k beim Objekt j durch Person i

---

[3] Walsh/Deseniss/Kilian (2020), S. 75.
[4] In Anl. an Walsh/Deseniss/Kilian (2020), S. 78f.

100 Kunden wurden zu einem neuen Veggie-Burger einer Restaurantkette befragt. Dabei wurden sie gebeten, den Burger hinsichtlich der fünf Merkmale *Geschmack, Optik, Geruch, Größe und Preis* zu beurteilen.

Erst wurde (auf einer 7er-Skala) erfragt, wie wichtig jedes Merkmal den Konsumenten ist. Beispiel:

„Ein angenehmer Geruch des Veggie-Burgers ist …"

Dann wurde gemessen (7er-Skala), inwieweit Konsumenten glauben, dass der Veggie-Burger die fünf Merkmale aufweist. Beispiel:

„Dass der Veggie-Burger gut riecht, ist …"

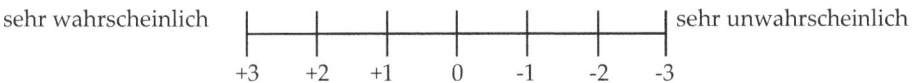

Folgende Mittelwerte resultieren aus der Befragung (n = 100):

	Bewertung des Objektmerkmals	Wahrscheinlichkeit dafür, dass Objekt Merkmal aufweist
Geschmack	6	+2
Optik	3	-3
Geruch	4	+1
Größe	2	0
Preis	5	-1

Wie hoch ist die Gesamteinstellung? Was schließen Sie aus diesen Werten?

Lösung:

Wenn die Werte in die Fishbein-Formel eingesetzt werden, ergibt sich ein Summenwert von +2.

	Bewertung des Objektmerkmals	Wahrscheinlichkeit dafür, dass Objekt Merkmal aufweist	$B_{ijk} * a_{ijk}$
Geschmack	6	+2	12
Optik	3	-3	-9
Geruch	4	+1	4
Größe	2	0	0
Preis	5	-1	-5
			+2

- Auf Basis von Gesamteinstellungswerten können Vergleiche zwischen verschiedenen Produkten/Marken unternommen werden.
- Einstellungswerte können für einzelne Nachfrager oder ganze Nachfrager-Gruppen ermittelt werden.
- Einstellungswerte liefern interessante Erkenntnisse für die Praxis.
- Zudem ist die Beurteilung einzelner Produktmerkmale aufschlussreich.
- Im vorliegenden Fall prägt der *Geschmack* des Veggie-Burgers die Einstellung am stärksten.
- Folglich sollte dieses Produktmerkmal bei der Vermarktung akzentuiert werden.

Aufgabe 6: Maslows Bedürfnispyramide

Was sind häufig geäußerte Kritikpunkte an Maslows Bedürfnispyramide?

Lösung:

- Einmal gestillte Bedürfnisse (z. B. Defizitbedürfnisse) bleiben nicht dauerhaft gestillt.
- Höhere Bedürfnisse können auch ohne ständige Befriedigung der Defizitbedürfnisse angestrebt werden.
- Bedürfnispyramide setzt westlich-industriell sozialisiertes Statusdenken und Individualismus voraus, die nicht universell sind (bspw. gibt es zahlreiche Kulturen, in denen das Wohl der Gruppe über dem des Individuums steht).

Aufgabe 7: Kaufmotivationskonflikte

Unterscheiden Sie drei Typen von Konflikten bei der Kaufmotivation.

Lösung:

1. Appetenz[5]-Appetenz-Konflikt: Konflikt, bei dem man die Wahl zwischen zwei angenehmen Alternativen hat.

2. Appetenz-Aversions-Konflikt: Das erwünschte Ereignis (Annäherung) hat nicht nur positive Folgen, sondern auch unangenehme Aspekte, die man zu vermeiden sucht.

3. Aversions-Aversions-Konflikt: Man erlebt Aversionstendenzen, wobei die Vermeidung des einen Übels die Nichtvermeidung des anderen nach sich zieht.

---

[5] Appetenz: Sehnsucht, Verlangen, Lust, Drang, Streben, Begierde oder Neigung.

3 Marktforschung

Aufgabe 1: Aufgaben und Ziele der Marktforschung

Was ist Aufgabe der Marktforschung und welche Ziele werden mit ihr verfolgt?

Lösung:

- Aufgabe der Marktforschung ist die zielgerichtete, systematische und objektive Sammlung, Identifikation, Aufbereitung, Analyse und Interpretation von Informationen zur Optimierung des eigenen Produktangebots.
- Ziel der Marktforschung ist die Unterstützung von Marketingentscheidungen durch den zielbewussten und systematischen Prozess der Gewinnung und Analyse von Daten eines konkreten Absatzmarktes oder Beschaffungsmarktes.
- Marktforschung hilft bei der Informationsgewinnung und dient der Entscheidungsfindung zur optimalen Produktentwicklung sowie der Konzeption gesamter Marketingstrategien.
- Basis für die qualifizierte Marktforschung sind u. a. Mitbewerber, Kunden, Markttrends, Lieferanten, Produkte, Größe und Art des Marktes.

Aufgabe 2: Die Grundgesamtheit

Was ist eine Grundgesamtheit? Nennen Sie Beispiele. Was ist eine Stichprobe?

Lösung:

- Der Begriff Grundgesamtheit ist definiert als die Menge der Objekte, für welche die Aussagen einer Untersuchung gelten sollen.
- Beispiele für Grundgesamtheiten sind „alle wahlberechtigten Bürger der Bundesrepublik Deutschland" oder „alle Personen im Alter von 14 bis 26 Jahren". Das zweite Beispiel stellt eine Operationalisierung der Gruppe der „Jugendlichen" dar.
- Normalerweise werden Daten nicht an allen Objekten der Grundgesamtheit erhoben, sondern an Stichproben, welche eine möglichst repräsentative Teilmenge einer Grundgesamtheit darstellen.

Aufgabe 3: Primär- vs. Sekundärforschung

Was ist unter den Begriffen „Primärforschung" und „Sekundärforschung" zu verstehen? Geben Sie Beispiele.

Lösung:

- Primärforschung: Es handelt sich um die erstmalige Erhebung von Daten, die eigens für einen spezifischen Untersuchungszweck erfolgt. Ein Beispiel hierfür ist eine durch ein Unternehmen durchgeführte Umfrage zur Akzeptanz eines neuen Produktes.

- Sekundärforschung: Es handelt sich dabei um die Suche nach bzw. Sammlung und Auswertung von Informationen aus bereits vorhandenen Datenquellen. Üblich ist bspw. die Nutzung von Statistiken des Statistischen Bundesamtes oder die Verwendung bestehender Daten innerhalb von Unternehmen.

Aufgabe 4: Voll- vs. Teilerhebung

Grenzen Sie Vollerhebung und Teilerhebung voneinander ab.

Lösung:

- In den Sozialwissenschaften ist es häufig nicht möglich, aber auch nicht erforderlich, alle Elemente einer Grundgesamtheit zu untersuchen (also eine Vollerhebung durchzuführen).

- Stattdessen wird eine Auswahl aus der Gesamtheit der Elemente vorgenommen (also eine Teilerhebung durchgeführt).

Aufgabe 5: Mündliche vs. schriftliche Befragung[6]

Ein großer deutscher Automobilclub verzeichnet seit kurzer Zeit eine steigende Mitgliederaustrittszahl. Um die Ursachen der Mitgliederkündigungen besser zu verstehen, soll eine Umfrage unter Mitgliedern des Automobilclubs durchgeführt werden. Ein Marktforschungsinstitut wird mit der Durchführung einer repräsentativen Umfrage beauftragt; es wird eine Stichprobe von 1.900 Personen benötigt. Das Institut bietet u. a. schriftliche und mündliche Befragungen an und Sie sollen ermitteln, welche der Befragungsmethoden für den Kunden in finanzieller Hinsicht geeigneter ist. Bisherige Erfahrungen mit schriftlichen Befragungen zeigen, dass die Rücklaufquoten im besten Fall bei 17 % und im schlechtesten Fall bei 6 % liegen. Bei einer schriftlichen Befragung (d. h. postalischer Versand eines Papierfragebogens) fallen für den Versand Kosten von 2,10 € pro Fragebogen an. Freiumschläge zur Rücksendung ausgefüllter Fragebögen schlagen ebenfalls mit 2,10 € zu Buche, allerdings nur dann, wenn sie tatsächlich verwendet werden. Die Zusammenstellung der Materialien wird mit 0,40 € je Fragebogen berechnet. Die Kosten für den Druck der Fragebögen hängen von der Anzahl der gedruckten Exemplare ab. Die Veränderung der Druckkosten in Abhängigkeit von der Auflage können aus der folgenden Tabelle entnommen werden.

---

[6] In Anl. an Meffert/Burmann/Kirchgeorg (2013), S. 10ff.

Anzahl Fragebögen	Kosten pro Fragebogen in €
1.001 - 1.500	1,30
1.501 - 2.500	1,20
2.501 - 3.500	1,10
> 3.500	1,00

Bei einer mündlichen CATI-Befragung (Computer Assisted Telephone Interview) ist mit einer Erfolgsquote von 89 % die Anzahl auswertbarer Fragebögen deutlich höher. Ein Interviewer kann an einem Tag durchschnittlich sieben Personen befragen, dabei werden die Antworten der Teilnehmenden direkt in ein softwaregestütztes Formular übertragen. Es fallen pro begonnenem (also auch abgebrochenem) übertragenem Fragebogen Lizenzgebühren für die Software in Höhe von 1,20 € an. Pro Arbeitstag erhält ein Interviewer ein Honorar von 255,00 €.

a) Zu welcher Form der Befragung würden Sie dem Automobilclub raten, wenn es um die kostengünstigste Variante geht?

b) Ermitteln Sie, welche Rücklaufquote erreicht werden muss, damit die schriftliche und die mündliche (telefonbasierte) Befragung gleich teuer sind.

c) Eine Entscheidung zwischen zwei Erhebungsmethoden sollte nicht ausschließlich auf finanziellen Gesichtspunkten beruhen. Nennen Sie weitere Kriterien, die berücksichtigt werden sollten.

Lösung:

a)

Ermittlung des finanziellen Aufwandes der beiden Befragungsmethoden:

Ermittlung der benötigten Stichprobengrößen:

Schriftliche Befragung:

- Bei einer Rücklaufquote von 17 % wird eine Stichprobe von 11.177 Personen benötigt.

$$= \frac{1.900}{0,17} \approx 11.177$$

- Bei einer Rücklaufquote von 6 % hingegen werden 31.667 Personen benötigt.

$$= \frac{1.900}{0,06} \approx 31.667$$

Mündliche Befragung:

■ Wird eine mündliche Befragung durchgeführt, ist bei einer Erfolgsquote von 89 % eine Stichprobe von 2.135 Personen erforderlich.

$$= \frac{1.900}{0,89} \approx 2.135$$

Die benötigten Stichprobengrößen dienen als Basis für die Berechnung der Kosten für die beiden Erhebungsarten.

Kostenberechnung schriftliche Befragung:

■ Bei einer Rücklaufquote von 17 %:

Porto:	11.177 * 2,10 € + 1.900 * 2,10 € = 27.461,70 €
Zusammenstellung der Materialien:	11.177 * 0,40 € = 4.470,80 €
Druckkosten:	11.177 * 1,00 € = 11.177 €

Wenn 17 % der angeschriebenen Personen antworten, kostet die Befragung 43.109,50 €.

■ bei einer Rücklaufquote von 6 %

Porto:	31.667 * 2,10 € + 1.900 * 2,10 € = 70.490,70 €
Zusammenstellung der Materialien:	31.667 * 0,40 € = 12.666,80 €
Druckkosten:	31.667 * 1,00 € = 31.667,00 €

Wenn 6 % der angeschriebenen Personen antworten, kostet die Befragung 114.824,50 €

Kostenberechnung mündliche Befragung:

Wenn ein Interviewer am Tag sieben Interviews führen kann und einen Tagessatz von 255 € veranschlagt, belaufen sich die Kosten für ein Interview auf 36,43 €. Wenn 89 % der Interviews erfolgreich abgeschlossen werden, müssen 2.135 Interviews durchgeführt werden, damit am Ende die geforderte Stichprobengröße von 1.900 auswertbaren Interviews erreicht wird. Somit entstehen für die mündliche Befragung Kosten von 77.778,05 €. Weiterhin müssen die Kosten für die Lizenzgebühren der Software berücksichtigt werden. Diese belaufen sich auf 2.562 € (2.135 * 1,20 €). Die Gesamtkosten für die mündliche Befragung liegen somit bei 80.340,05 €.

Vergleich der durch die Erhebungsformen entstehenden Kosten:

Schriftliche Befragung (Rücklaufquote 6 %):	114.824,50 €
Schriftliche Befragung (Rücklaufquote 17 %):	43.109,50 €
Mündliche Befragung:	80.340,05 €

Da die Kosten der schriftlichen Befragung in einem hohen Ausmaß von der Rücklaufquote abhängig sind, lässt sich aus kostenanalytischer Sicht keine eindeutige Entscheidung für eine der betrachteten Erhebungsmethoden treffen.

b)

Die exakte Rücklaufquote, bei der die beiden Erhebungsmethoden gleich teuer sind, kann mit folgender Gleichung bestimmt werden:

$$\frac{1.900}{q} * 2{,}10 + 1.900 * 2{,}10 + \frac{1.900}{q} * 0{,}4 + \frac{1.900}{q} k = 80.340{,}05$$

Die Druckkosten für die Fragebögen sind hier mit k bezeichnet. Gemäß der Aufgabenstellung liegt die Rücklaufquote im besten Fall bei 17 %, dies entspricht einer Auflage von rund 11.177. Daher ist die Auflage in jedem Fall größer als 3.500 Stück und k liegt entsprechend der Kostentabelle bei 1,00 €.

Daraus folgt:

$$\frac{3.990}{q} + 3.990 + \frac{760}{q} + \frac{1.900}{q} = 80.340{,}05$$

$$\frac{6.650}{q} = 76.350{,}05 \Leftrightarrow q = 0{,}0871 = 8{,}71\ \%$$

Bei einer Rücklaufquote von rund 8,71 % beantworteten Fragebögen kosten die mündliche und die schriftliche Befragung gleich viel. Dafür wird eine Stichprobe von rund 21.814 Personen benötigt.

c)

Bei der Wahl einer Erhebungsmethode sind neben finanziellen Aspekten auch inhaltliche Gesichtspunkte einzubeziehen. Nachfolgend sind einige Beispiele aufgeführt.

- Sozial erwünschtes Antwortverhalten
- Akzeptanz einer Methode bei der anvisierten Stichprobe
- Länge des Durchführungszeitraumes
- Über welches Gebiet ist die Population verteilt?
- Bei sinkenden Rücklaufquoten kann die Repräsentativität der Ergebnisse sinken. Insbesondere dann, wenn Personen mit bestimmten Merkmalen mit höherer Wahrscheinlichkeit als andere Personen nicht an der Befragung teilnehmen.
- Einfluss durch Dritte
- Einfluss von Interviewern auf das Antwortverhalten der befragten Personen

Aufgabe 6: Schritte der Datenaufbereitung

Erläutern Sie die Schritte „Editieren" und „Kodieren" im Rahmen der Datenaufbereitung.

Lösung:

Die Editierung stellt den ersten Arbeitsschritt der Datenaufbereitung dar. Dabei werden die Erhebungsbögen auf ihre Verwendbarkeit hin überprüft, d. h., sie werden nach Fehlern durchgesehen und ggf. korrigiert. Die Eignung der Fragebögen für die weitere Datenanalyse wird anhand von verschiedenen Kriterien bestimmt (z. B. Vollständigkeit der Fragebögen, Konsistenz der Antworten).

Im zweiten Arbeitsschritt – der Kodierung (engl. coding) – werden die im Fragebogen gemachten Angaben in einen Code überführt, der von einem Computerprogramm gelesen werden kann. Zu diesem Zweck werden Variablen aus dem Fragebogen (z. B. Variable, die Alter oder Geschlecht erfasst) und ihren Merkmalsausprägungen (z. B. 5-10 Jahre, 11-15 Jahre; weiblich, männlich) einfache und nicht-negative Zahlen zugeordnet. Mit diesen Zahlen können Rechenoperationen durchgeführt werden. In der Regel erfolgt für geschlossene Fragen eine Kodierung.

Aufgabe 7: Korrelation und lineare Regression[7]

Sie arbeiten für ein Marktforschungsinstitut und sind zuständig für Kunden aus dem Hotel- und Gastgewerbe. Ein Hotelkunde gibt eine Umfrage in Auftrag, mit deren Hilfe die Konstrukte Kundenzufriedenheit und Mundwerbeverhalten gemessen werden sollen. Nach erfolgreicher Datenerhebung wurden Sie gebeten, die Daten (s. folgende Tabelle) aufzubereiten und erste Analysen durchzuführen. Alle sechs Items zur Messung von Kundenzufriedenheit und des Mundwerbeverhaltens wurden mit einer 7-stufigen Likert-Skala mit den Endpunkten 1 = „Stimme ganz und gar nicht zu" und 7 = „Stimme voll und ganz zu" erfasst. Bis auf ein Item (KuZu_3), sind die Items positiv formuliert.

a) Erklären Sie, was unter „Reverse Coding" verstanden wird und vervollständigen Sie die fehlenden Werte der Variable KuZu_3_R.
b) Von besonderem Interesse für den Auftraggeber ist die Beziehung zwischen der Zufriedenheit (x) und dem Mundwerbeverhalten (y) der Kunden. Berechnen Sie den Korrelationskoeffizienten zwischen beiden Konstrukten.
c) Ermitteln Sie nun den funktionalen Zusammenhang zwischen der Kundenzufriedenheit (x) und dem Mundwerbeverhalten der Kunden (y), indem Sie die lineare Regressionsfunktion bestimmen. Interpretieren Sie den Zusammenhang.

---

[7] In Anl. an Homburg (2017), S. 62f.

Marktforschung

ID	Kundenzufriedenheit (KuZu)				Mundwerbung (MW)		
	KuZu_1	KuZu_2	KuZu_3	KuZu_3_R	MW_1	MW_2	MW_3
	Ich bin mit dem angebotenen Service zufrieden.	Ich bin mit der Qualität der erbrachten Dienstleistungen zufrieden.	Ich bin mit der erbrachten Dienstleistung unzufrieden.	Ich bin mit der erbrachten Dienstleistung unzufrieden.	Wenn mich jemand um Rat fragt, würde ich dieses Hotel empfehlen.	Ich würde gegenüber anderen Menschen positiv über das Hotel sprechen.	Ich würde das Hotel anderen empfehlen.
P01	5	4	3	5	4	4	3
P02	5	5	5	3	1	7	2
P03	6	4	3	5	4	5	5
P04	2	3	5	3	2	2	2
P05	5	5	4	4	3	4	3
P06	4	4	4	4	3	4	3
P07	5	4	4	4	4	4	5
P08	4	4	4	4	3	5	4
P09	6	5	3	5	4	5	4
P10	4	4	3	5	3	3	3
P11	6	6	2	?	4	4	4
P12	5	5	5	3	3	4	3
P13	5	4	3	5	4	4	3
P14	6	5	2	?	3	4	3
P15	6	6	6	?	6	6	6

Lösung:

a)

Reverse Coding beschreibt die Inversion (das Umkehren) der eigentlichen Kodierung. So wird aus dem geringsten der höchste Wert und umgekehrt. Bei der in der Aufgabe beschriebenen 7-stufigen Likert-Skala bedeutet dies, dass das Minimum („stimme ganz und gar nicht zu") nicht dem Code 1 entspricht, sondern 7. Dies gilt analog für alle anderen Fälle. Eine Umkodierung erfolgt bspw., wenn die Reliabilität eines Konstrukts berechnet werden soll, denn für die Berechnung von Reliabilitätsmaßen wie dem Cronbach α müssen alle Items untereinander positiv korreliert sein.

In der Tabelle fehlen die Werte der Probanden (d. h. befragten Kunden) P11, P14 und P15. Anhand des originalen Items (KuZu_3) kann die Umkodierung in KuZu_3_R vorgenommen werden. Die fehlenden Werte für das Item KuZu_3_R lauten für Proband P11 = 6, P14 = 6 und P15 = 2.

b)   c)

ID	x_i (KuZu)	y_i (MW)	$(x_i - \bar{x})$	$(y_i - \bar{y})$	$(x_i - \bar{x})$ $* (y_i - \bar{y})$	$(x_i - \bar{x})^2$	$(y_i - \bar{y})^2$	$x_i * y_i$	x_i^2
P01	4,67 = 14/3	3,67 = 11/3	0,09 = 4,67 - 4,58	- 0,09 = 3,67 - 3,76	-0,01 = 0,09 * (- 0,09)	0,01 = 0,09²	0,01 = (-0,09)²	17,11 = 4,67 * 3,67	21,78 = 4,67²
P02	4,33	3,33	-0,24	-0,42	0,10	0,06	0,18	14,44	18,78
P03	5,00	4,67	0,42	0,91	0,38	0,18	0,83	23,33	25,00
P04	2,67	2,00	-1,91	-1,76	3,36	3,65	3,08	5,33	7,11
P05	4,67	3,33	0,09	-0,42	-0,04	0,01	0,18	15,56	21,78
P06	4,00	3,33	-0,58	-0,42	0,24	0,33	0,18	13,33	16,00
P07	4,33	4,33	-0,24	0,58	-0,14	0,06	0,33	18,78	18,78
P08	4,00	4,00	-0,58	0,24	-0,14	0,33	0,06	16,00	16,00
P09	5,33	4,33	0,76	0,58	0,44	0,57	0,33	23,11	28,44
P10	4,33	3,00	-0,24	-0,76	0,18	0,06	0,57	13,00	18,78
P11	6,00	4,00	1,42	0,24	0,35	2,02	0,06	24,00	36,00
P12	4,33	3,33	-0,24	-0,42	0,10	0,06	0,18	14,44	18,78
P13	4,67	3,67	0,09	-0,09	-0,01	0,01	0,01	17,11	21,78
P14	5,67	3,33	1,09	-0,42	-0,46	1,19	0,18	18,89	32,11
P15	4,67	6,00	0,09	2,24	0,20	0,01	5,04	28,00	21,78
Summe	68,67	56,33			4,56	8,55	11,21	262,44	322,89
Mittelwert	4,58	3,76							

b)

$$r = \frac{\sum_{i=1}^{n}(x_i - \bar{x})(y_i - \bar{y})}{\sqrt{(\sum_{i=1}^{n}(x_i - \bar{x})^2)(\sum_{i=1}^{n}(y_i - \bar{y})^2)}}$$

$$r = \frac{4,56}{\sqrt{8,55 * 11,21}}$$

$r = 0,46603107 \approx 0,47$

Es liegt ein positiver Zusammenhang (Korrelationskoeffizient > 0) zwischen der Kundenzufriedenheit und dem Mundwerbeverhalten der Kunden vor.

c)

$$b = \frac{n \sum_{i=1}^{n}(x_i * y_i) - (\sum_{i=1}^{n} x_i)(\sum_{i=1}^{n} y_i)}{n(\sum_{i=1}^{n} x_i^2) - (\sum_{i=1}^{n} x_i)^2}$$

$$b = \frac{15 * 262{,}44 - 68{,}67 * 56{,}33}{15 * 322{,}89 - 68{,}67^2}$$

$b = 0{,}53379549 \approx 0{,}53$

$a = \bar{y} - b\bar{x} = 3{,}76 - 0{,}53 * 4{,}58 = 1{,}3119584 \approx 1{,}31$

Regressionsgleichung: y = 1,31 + 0,53x

Bei Steigerung der Zufriedenheit (x) um eine Einheit erhöht sich die Mundwerbung (y) um 0,53 Einheiten.

Teil III: Strategische Marketingplanung

4 Strategisches Marketing

Aufgabe 1: Demografische Segmentierung

Erläutern Sie die Vor- und Nachteile der demografischen Segmentierung. Mit welchem statistischen Verfahren können Marketingmanager eine Marktsegmentierung (z. B. anhand demografischer Merkmale) vornehmen?

Lösung:

Eine demografische Segmentierung ist verhältnismäßig einfach vorzunehmen, da Unternehmen meist über Grunddaten ihres Kundenstamms (Alter, Geschlecht, Wohnort etc.) verfügen. Haushaltsendkunden werden bspw. nach Haushaltsgröße, Einkommen, Geschlecht, Alter oder Bildung segmentiert.

Vorteile: Demografische Segmentierung ist einfach und schnell durchzuführen, da die notwendigen Daten meist leicht verfügbar sind. In bestimmten Themenfeldern kann sie auch interessante Informationen über Zielgruppen liefern (z. B. besteht ein relativ starker Zusammenhang zwischen dem Bildungsniveau von Endverbrauchern und deren Interesse an umweltpolitischen Fragen).

Nachteile: Für zahlreiche Marketingfragestellungen ist sie zu einfach, da sich viele Konsumenten anhand einfacher Variablen wie Alter oder Geschlecht nicht in klar trennbare „Schubladen" einordnen lassen. Dies trifft insbesondere hinsichtlich ihrer Präferenzunterschiede zu.

Ein geeignetes statistisches Verfahren, um einen heterogenen Gesamtmarkt in homogene Kundengruppen zu segmentieren, ist die Clusteranalyse.

Aufgabe 2: Gestaltung des Produktportfolios[8]

Sie arbeiten in dem Marketing-Team des Nahrungsmittelherstellers „Balotelli" und verantworten den Bereich Pasta. Zu den Pasta-Produkten stehen Ihnen die folgenden Informationen zur Verfügung:

---

[8] In Anl. an Helm/Gierl (2005), S. 25f.

	Produktgruppe		
	Tortellini (Marke T1)	Tagliatelle (Marke T2)	Pesto (Marke P1)
Absatzmenge (Stück)	0,5 Mio.	2 Mio.	5 Mio.
Abgabepreis an Handel (€)	0,75	0,60	1,50
Variable Produktionsstückkosten (€)	0,40	0,35	0,60
Fixe Einzelkosten (€)	150.000	125.000	300.000

Neben den Fixkosten, die nur dem Gesamtunternehmen zurechenbar sind, fallen folgende Kosten pro Periode an:

- Die Vertreterinnen erhalten eine Provision in Höhe von 4 % des Umsatzes von jedem der drei Produkte
- Der Produktmanager Pasta (Tortellini und Tagliatelle) erhält ein Gehalt von 65.000 € sowie 1 % vom Umsatz der beiden Pasta-Marken T1 und T2
- Der Produktmanager Pesto erhält ein Gehalt von 55.000 € sowie 1 % vom Umsatz der Pesto-Marke P1
- Kosten für Werbung: Die Kosten für Einzelwerbung betragen für die Marke T1 25.000 €, für die Marke T2 15.000 € sowie für die Marke P1 1 Mio. €.

a) Die Geschäftsführung schlägt vor, die Marke T1 aus dem Produktionsprogramm zu nehmen, um die finanzielle Situation des Unternehmens zu verbessern. Sie werden damit beauftragt, zu ermitteln, welche Auswirkung diese Maßnahme auf den Gesamtgewinn des Unternehmens für den Fall hat, dass

    1.   die Absatzmenge von T2 dadurch nicht beeinflusst wird,
    2.   die Absatzmenge von T2 sich dadurch um 300.000 Stück erhöht.

Geben Sie der Geschäftsführung für beide Fälle eine Empfehlung hinsichtlich der Annahme oder Ablehnung des Vorschlages.

b) Ermitteln Sie die Auswirkung auf den Gesamtgewinn, die sich durch die Eliminierung der gesamten Produktgruppe Pasta ergibt.

c) Zusätzlich teilt Ihnen die Geschäftsführung mit, dass eine weitere Pasta-Marke P3 für das Niedrigpreissegment (geplanter Abgabepreis an den Handel: 0,50 €) eingeführt werden soll. Dadurch entstehen fixe Produktions-Zusatzkosten von 50.000 € und variable Produktionsstückkosten von 0,25 €. P3 soll vom Produktmanager für Pasta mit betreut und von den bisherigen Vertretern auf gleicher Provisionsbasis mit vertrieben werden. Für P3 werden Werbeausgaben in Höhe von 15.000 € veranschlagt. Bestimmen und interpretieren Sie die Break-Even-Absatzmenge von P3.

Strategisches Marketing

Lösung:

a)

1.

Isolierte Betrachtung des Gewinns der Marke T1.

Absatzmenge	500.000
Umsatz	500.000 * 0,75 € = 375.000 €
Vertreterprovision (4 %)	375.000 * 0,04 € = 15.000 €
Provision Produktmanager (1 %)	375.000 * 0,01 € = 3.750 €
Variable Produktionskosten	500.000 * 0,40 € = 200.000 €
Fixe Einzelkosten	150.000 €
Kosten der Einzelwerbung	25.000 €
Produktgewinn T1	-18.750 €

Wird die Marke T1 eliminiert, führt dies, bei isolierter Betrachtungsweise, zu einer Erhöhung des Gewinns um 18.750 €.

2.

Neben der isolierten Betrachtungsweise in Teilaufgabe a) 1. wird nun die indirekte Wirkung der Eliminierung von T1 betrachtet. Dazu wird der Gewinn des Unternehmens für T2 mit einer Absatzmenge von 2.000.000 und 2.300.000 verglichen.

Absatzmenge	2.000.000
Umsatz	2.000.000 * 0,60 € = 1.200.000 €
Vertreterprovision (4 %)	1.200.000 * 0,04 € = 48.000 €
Provision Produktmanager (1 %)	1.200.000 * 0,01 € = 12.000 €
Variable Produktionskosten	2.000.000 * 0,35 € = 700.000 €
Fixe Einzelkosten	125.000 €
Kosten der Einzelwerbung	15.000 €
Produktgewinn T2	300.000 €

Absatzmenge	2.300.000
Umsatz	2.300.000 * 0,60 € = 1.380.000 €
Vertreterprovision (4 %)	1.380.000 * 0,04 € = 55.200 €

Provision Produktmanager (1 %)	1.380.000 * 0,01 € = 13.800 €
Variable Produktionskosten	2.300.000 * 0,35 € = 805.000 €
Fixe Einzelkosten	125.000 €
Kosten der Einzelwerbung	15.000 €
Produktgewinn T2	366.000 €

Erhöhung des Gesamtgewinns bei Eliminierung von T1 und Erhöhung der Absatzmenge von T2 um 300.000:

18.750 € + 66.000 € = 84.750 €.

Alternativlösung für a) 2.: Berechnung des zusätzlichen Deckungsbeitrages der Absatzerhöhung um 300.000 ME.

Zusätzliche Absatzmenge	300.000
Zusätzlicher Umsatz	300.000 * 0,60 € = 180.000 €
Zusätzliche Vertreterprovision (4 %)	180.000 * 0,04 € = 7.200 €
Zusätzliche Provision Produktmanager (1 %)	180.000 * 0,01 € = 1.800 €
Zusätzliche variable Produktionskosten	300.000 * 0,35 € = 105.000 €
Zusätzlicher Produktdeckungsbeitrag T2	66.000 €

b)

Es ist der Gewinn der Produktgruppe Pasta zu ermitteln. Die Produktgewinne der Marken T1 und T2 betragen -18.750 € bzw. 300.000 € (siehe a)). Zusätzlich wird durch die Eliminierung der Produktgruppe Pasta kein Gehalt mehr für den Produktmanager der Produktgruppe Pasta fällig. Folglich sinkt der Gesamtgewinn des Unternehmens nach Eliminierung der Produktgruppe Pasta um: -18.750 € + 300.000 € – 65.000 € = 216.250 €.

c)

Bestimmung der Break-Even-Menge x_{BE}:

Für den Break-Even-Punkt gilt:

Umsatz = Kosten bzw. Gewinn = 0

Gewinn = Umsatz – variable Kosten – fixe Kosten.

= Umsatz – variable Kosten der Produktion
- Vertreterprovision
- Provision für Produktmanager

Strategisches Marketing

- fixe Kosten der Produktion
- Werbeausgaben

$0 = 0{,}5\,x - 0{,}25x - (0{,}5x * 0{,}04) - (0{,}5\,x * 0{,}01) - 50.000 - 15.000$
$-0{,}225x = -65.000$
$x = 288.889$

Bei einer Stückzahl von 288.889 ist der Break-Even-Absatz der Marke P3 erreicht. Daraus ergibt sich, dass bei einem Absatz von mehr als 288.889 Stück von P3 der Gesamtgewinn des Unternehmens gesteigert wird und P3 zur Deckung der (das Gesamtunternehmen betreffenden) Fixkosten beiträgt.

Aufgabe 3: Standardisierte vs. differenzierte Marktbearbeitung

Der Marketingleiter der Kaffeerösterei „Röstlich" überlegt, mit welchem Kaffee-Produkt (gemahlener Kaffee, ganze Bohnen, Kaffeepads) sich der höchste Gewinn erzielen lässt. Aus einer Marktanalyse weiß der Marketingleiter, dass die Kaffeetrinker in Deutschland keine homogene Verbrauchergruppe bilden, sondern sich vielmehr in drei Kaffeetrinker-Segmente unterteilen lassen: 1. Genussorientierte Traditionelle, 2. Probierfreudige Hedonisten, 3. Wirkungsorientierte Traditionelle. Insgesamt geht „Röstlich" von 100.000 potenziellen Kunden im eigenen Absatzgebiet (Grundgesamtheit) aus. Zusätzlich hat das Unternehmen Informationen über die Kaufwahrscheinlichkeiten der drei Segmente für die verschiedenen Kaffeeprodukte, der Anteil der Segmente an den potenziellen Kunden im Absatzgebiet von „Röstlich" sowie deren durchschnittliche Verbrauchsmenge (in Packungen pro Person und Jahr).

	Segmente		
	Genussorientierte Traditionelle	Probierfreudige Hedonisten	Wirkungsorientierte Traditionelle
Kaufwahrscheinlichkeit für jeweiliges Kaffeeprodukt			
Gemahlener Kaffee	0,24	0,09	0,74
Ganze Bohnen	0,65	0,26	0,15
Kaffeepads	0,11	0,65	0,11
Anteil an Grundgesamtheit	0,32	0,25	0,43
Durchschnittlicher Verbrauch an 500-Gramm-Packungen pro Person und Jahr	19	30	46

Die Kaffeerösterei hat zwei Handlungsalternativen: 1. Standardisierte Marktbearbeitung, d. h., es wird nur ein Produkt für alle drei Segmente angeboten; 2. Differenzierte Marktbearbeitung, d. h., jedem Segment wird jeweils nur das am stärksten präferierte Kaffeeprodukt angeboten. Der Marketingleiter erwartet für die standardisierte Marktbearbeitung Kosten für Werbung in Höhe von 6 € je potenziellem Kunden pro Jahr und für die differenzierte Marktbearbeitung 7 € je potenziellem Kunden pro Jahr. Die Verkaufspreise je 500-Gramm-Packung betragen für den gemahlenen Kaffee 4,29 €, für die ganzen Bohnen 6,49 € und für die Kaffeepads 6,99 €. Für alle Produkte fallen variable Herstellkosten in Höhe von 1,99 € pro Packung an.

a) Welche Marktbearbeitungsform sollte „Röstlich" wählen, wenn ein möglichst hoher Gesamtgewinn erzielt werden soll?

b) Ermitteln Sie zudem auf Basis des Gewinns, welches Produkt bei der differenzierten Marktbearbeitung in welchem Segment angeboten werden soll.

c) Wie hoch ist der Gesamtgewinn von „Röstlich" für die beiden Marktbearbeitungsformen?

Lösung:

a)

Berechnung der Verbrauchsmengen in den drei Segmenten durch Multiplikation der Anzahl der Personen mit den Konsummengen und den Kaufwahrscheinlichkeiten.

	Segmente			
	Genussorientierte Traditionelle	Probierfreudige Hedonisten	Wirkungs-orientierte Traditionelle	Σ
Gemahlener Kaffee	145.920	67.500	1.463.720	1.677.140
Ganze Bohnen	395.200	195.000	296.700	886.900
Kaffeepads	66.880	487.500	217.580	771.960
Σ	608.000	750.000	1.978.000	

b)

Berechnung der Gewinne pro Produkt:

1.

Für die standardisierte Marktbearbeitung:

Gewinn gemahlener Kaffee: (4,29 € − 1,99 €) * 1.677.140 − 6 * 100.000 = 3.857.422 − 600.000 = 3.257.422

Gewinn ganze Bohnen: (6,49 € − 1,99 €) * 886.900 − 6 * 100.000 = 3.991.050 − 600.000 = 3.391.050

Gewinn Kaffeepads: (6,99 € − 1,99 €) * 771.960 − 6 * 100.000 = 3.859.800 − 600.000 = 3.259.800

Bei der standardisierten Marktbearbeitung sollte die Kaffeerösterei „Röstlich" ganze Bohnen für alle drei Segmente anbieten, weil hierbei der höchste Gewinn erzielt werden kann. Dabei kann ein Gesamtgewinn von 3.391.050 € erzielt werden.

2.

Für die differenzierte Marktbearbeitung:

Da bei der differenzierten Marktbearbeitung je Kundensegment nur ein Produkt angeboten werden soll, muss zunächst das Produkt identifizieren werden, welches in dem jeweiligen Segment den höchsten Gewinn erwirtschaftet.

Für den gemahlenen Kaffee in dem Kundensegment „Genussorientierte Traditionelle" ergibt sich beispielsweise der folgende Gewinn:

G = (4,29 € − 1,99 €) * 145.920 − 7 * (0,32 * 100.000) = 335.616 − 224.000 = 111.616

	Segmente		
	Genussorientierte Traditionelle	Probierfreudige Hedonisten	Wirkungsorientierte Traditionelle
Gemahlener Kaffee	111.616	-19.750	<u>3.065.556</u>
Ganze Bohnen	<u>1.554.400</u>	702.500	1.034.150
Kaffeepads	110.400	<u>2.262.500</u>	786.900

c)

Der Gesamtgewinn von „Röstlich" bei der differenzierten Marktbearbeitung beträgt 1.554.400 + 2.262.500 + 3.065.556 = 6.882.456 €.

Aufgabe 4: Die Ansoff-Matrix

Nennen Sie die vier Felder der Ansoff Matrix (1966). Was ist im Zusammenhang mit der Produkt-Markt-Matrix mit der sog. „Z-Strategie" gemeint?

Lösung:

Die vier Felder der Ansoff-Matrix sind:

1) Marktdurchdringung, 2) Marktentwicklung, 3) Produktentwicklung, 4) Diversifikation.

Die „Z-Strategie" bezieht sich auf die mögliche Abfolge der einzelnen Marktfeldstrategien. Eine „Z-Strategie" beschreibt die unter Synergie- und Risikogesichtspunkten günstigste Strategiefolge: 1) Marktdurchdringung 2) Marktentwicklung 3) Produktentwicklung 4) Diversifikation. Diese Strategiefolge lässt sich als Z in der Matrix abbilden.

Aufgabe 5: Entscheidungen unter Ungewissheit

Marketer wenden verschiedene Kriterien beim Treffen von Entscheidungen an – man spricht von sog. Entscheidungsregeln oder Heuristiken. Diese Regeln sollen in speziellen Entscheidungssituation bei hinreichend gegebenen Bedingungen eindeutig festlegen, welche Entscheidung zu treffen ist.

Marketing-Manager müssen häufig Entscheidungen unter Ungewissheit treffen und entsprechende Entscheidungsregeln anwenden. Nennen und beschreiben Sie vier Entscheidungsregeln, die Marketing-Manager in einer unsicheren Entscheidungssituation nutzen können.

Lösung:

1. Laplace-Regel: Für einzelne Umweltzustände können keine genauen Eintrittswahrscheinlichkeiten angegeben werden. Somit wird für alle möglichen Zustände die gleiche Eintrittswahrscheinlichkeit angenommen.

2. Maximin-Regel (Pessimisten-Regel): Unter den ungünstigsten Umweltkonstellationen wird das beste Ergebnis ausgewählt. Es wird der minimale Nutzen maximiert.

3. Maximax-Regel (Optimisten-Regel): Bei dieser Regel wird immer vom besten Fall ausgegangen. Es wird angenommen, dass egal welche Alternative gewählt wird, sich die günstigste Umweltkonstellation einstellen wird. Es wird die Alternative mit dem höchsten Zeilenmaximum gewählt.

4. Hurwicz-Regel (Pessimismus-Optimismus-Regel): Die Regel ist ein Kompromiss zwischen der Maximin- und Maximax-Regel. Es werden Minima und Maxima durch einen Optimismusparameter bestimmt.

Aufgabe 6: Laplace und Hurwicz-Regel

Sie arbeiten in der Social-Media-Abteilung einer großen Kaufhauskette und müssen sich für eine von drei Kommunikationsalternativen (a_1, a_2, a_3) entscheiden. Mit jeder Alternative sind unterschiedliche Gewinnerwartungen (u_1, u_2, u_3, u_4) verbunden. Die folgende Tabelle stellt die Gewinnerwartungsmatrix der drei Alternativen dar. Welche Alternative würden Sie unter Anwendung der Laplace-Regel, welche unter Anwendung der Hurwicz-Regel wählen? Der Optimismusparameter ist = 0,3.

	Ziele (Z)						Laplace-Regel	Hurwicz-Regel $\Phi(a_i)$ für $\lambda = 0{,}3$
	u_1	u_2	u_3	u_4	Max	Min		
a_1	70	20	50	60				
a_2	10	10	10	140				
a_3	-50	100	120	150				

Lösung:

	Ziele (Z)						Laplace-Regel	Hurwicz-Regel $\Phi(a_i)$ für $\lambda = 0{,}3$
	u_1	u_2	u_3	u_4	Max	Min		
a_1	70	20	50	60	70	20	200 / 4 = 50	0,3 * 70 + 0,7 * 20 = 35
a_2	10	10	10	140	140	10	170 / 4 = 42,5	0,3 * 140 + 0,7 * 10 = 49
a_3	-50	100	120	150	150	-50	320 / 4 = 80	0,3 * 150 + 0,7 * (-50) = 10

Unter Anwendung der Laplace-Regel sollte Ihre Wahl auf Alternative 2 (a_2) fallen. Bei Betrachtung der Hurwicz-Regel sollten Sie sich für Alternative 3 entscheiden.

5 Customer Relationship Management

Aufgabe 1: Definition des Customer Relationship Management

Was versteht man unter Customer Relationship Management (CRM)? Nennen Sie Beispiele für Unternehmen, die aktives CRM betreiben.

Lösung:

- Unter CRM versteht man die ganzheitliche Bearbeitung der Beziehung eines Unternehmens zu seinen Kunden.
- Die Instrumente des Marketing-Mix sind an den Kundenbedürfnissen auszurichten. Zentrales Messkonstrukt des CRM-Erfolges ist die Kundenzufriedenheit, die einen Indikator für Kundenbindung und somit letztendlich für den langfristigen Unternehmenswert darstellt.
- Beispiele für Unternehmen, die aktives CRM betreiben: Tchibo, IKEA, Autohäuser, Otto.

Aufgabe 2: Berechnung von Kundendeckungsbeiträgen

Sie sind Werkstudentin im Bereich Marketing einer bekannten Traditionsbäckerei und planen die Berechnung des Kundenwertes für drei Gästetypen (A-, B- und C-Kunden), die sich hinsichtlich der Häufigkeit des Besuchs der Bäckerei unterscheiden. Es wird ein Fünfjahreszeitraum betrachtet. Ihnen stehen die Informationen in der folgenden Tabelle zur Verfügung:

Gasttyp	A-Kunde (kommt fast täglich)	B-Kunde (kommt häufig)	C-Kunde (kommt gelegentlich)
Durchschnittsbon:	6,50 €	6,50 €	6,50 €
Bäckereibesuche im Jahr (Frequenz):	250	45	8
Mehrwertsteuersatz:	19 %	19 %	19 %
Variable Kosten:	50 %	50 %	50 %
Jährliche Fluktuation: (d. h. jährl. Kundenbindungsrate von 89 %)	11 %	11 %	11 %

Ermitteln Sie den Deckungsbeitrag je Kunde für alle fünf Jahre sowie den Kundenwert auf Basis des Gesamtdeckungsbeitrages.

Lösung:

Gasttyp	A-Kunde (kommt fast täglich)	B-Kunde (kommt häufig)	C-Kunde (kommt gelegentlich)
Durchschnittsbon:	6,50 €	6,50 €	6,50 €
Bäckereibesuche im Jahr (Frequenz):	250	45	8
Umsatz (Interaktionswertigkeit):	1.625 €	292,50 €	52 €
Mehrwertsteuersatz:	19 %	19 %	19 %
Nettoumsatz:	1.365,55 € = 1625 / 1,19	245,80 € = 292,5 / 1,19	43,70 € = 52 / 1,19
Variable Kosten:	50 %	50 %	50 %
Deckungsbeitrag:	682,78 € = 1365,55 * 0,5	122,90 € = 245,80 * 0,5	21,85 € = 43,70 * 0,5
Jährliche Fluktuation: (d. h. jährl. Kundenbindungsrate von 89 %)	11 %	11 %	11 %
Deckungsbeitrag 1. Jahr:	682,78 €	122,90 €	21,85 €
Deckungsbeitrag 2. Jahr:	607,67 € = 682,78 * 0,89	109,38 € = 122,90 * 0,89	19,45 € = 21,85 * 0,89
Deckungsbeitrag 3. Jahr:	540,83 €	97,35 €	17,31 €
Deckungsbeitrag 4. Jahr:	481,34 €	86,64 €	15,41 €
Deckungsbeitrag 5. Jahr:	428,39 €	77,11 €	13,71 €
Summe der Deckungsbeiträge:	2.741,01 €	493,38 €	87,73 €

Customer Relationship Management

Aufgabe 3: Die RFM-Methode

Die Unterteilung des Kundenstamms in unterschiedliche Attraktivitätsgruppen oder Segmente ist eine wichtige Marketingaufgabe. Eine solche Einteilung erfolgt in der Praxis auf Basis ausgewählter Kriterien, die die Relevanz oder Wertigkeit einzelner Kunden für das Unternehmen widerspiegeln. Ein gängiger Ansatz zur Bildung von Kundengruppen ist die RFM-Methode. Bei dieser Methode handelt es sich um ein Scoring-Verfahren, mittels dessen Kunden auf Basis von drei Kennzahlen in unterschiedliche Attraktivitätsgruppen eingeteilt werden: Recency (Aktualität bzw. seit dem letzten Kauf vergangene Zeit), Frequency (Regelmäßigkeit der Käufe in einem bestimmten Zeitraum) und Monetary Value (Monetärer Wert bzw. Umsatz in einem bestimmten Zeitraum).

Die „Drink Healthy AG" möchte die RFM-Methode nutzen, um ihre Kunden in Quantile bzw. fünf Attraktivitätsgruppen zu unterteilen, wobei die besten Kunden in Klasse 5 und die schlechtesten Kunden in Klasse 1 eingruppiert werden.

a) Bestimmen Sie auf Basis der Informationen aus den folgenden drei Tabellen zunächst den Recency-Score (R-Score), Frequency-Score (F-Score) und Monetary-Score (M-Score) der betrachteten 15 Kunden. Tragen Sie den Score jeweils in der letzten Tabellenspalte ein. Beachten Sie dabei, dass in der R-Score-Tabelle (erste Tabelle) Kunden vorne stehen, die zuletzt gekauft haben (d. h. Kunden, bei denen in der „Recency"-Spalte eine kleine Minuszahl steht).

Kundennummer	Recency (Aktualität)	Rang	R-Score
1001	-1	1	
1091	-2	2	
3001	-3	3	
2341	-5	4	
6571	-8	5	
9871	-8	6	
1331	-10	7	
1231	-12	8	
8761	-15	9	
2221	-18	10	
8991	-23	11	
9761	-31	12	
5661	-34	13	
7641	-45	14	
4121	-56	15	

Kundennummer	Frequency (Häufigkeit)	Rang	F-Score
1001	15	1	
6571	12	2	
2341	9	3	
1091	8	4	
2221	8	5	
8761	8	6	
1231	7	7	
1331	5	8	
5661	4	9	
3001	3	10	
7641	3	11	
9871	3	12	
4121	2	13	
8991	2	14	
9761	1	15	

Kundennummer	Monetary (Umsatz)	Rang	M-Score
1001	1245	1	
6571	999	2	
8761	876	3	
2341	789	4	
7641	712	5	
1091	671	6	
4121	600	7	
1231	456	8	
9761	456	9	
9871	410	10	
1331	340	11	
8991	290	12	
5661	200	13	
2221	150	14	
3001	123	15	

b) Überführen Sie die Werte für den R-Score, F-Score und M-Score in die folgende Tabelle und ermitteln Sie die RFM-Klasse für alle 15 Kunden.

Kundennummer	R-Score	F-Score	M-Score	RFM-Klasse
1001				
1091				
3001				
2341				
6571				
9871				
1331				
1231				
8761				
2221				
8991				
9761				
5661				
7641				
4121				

c) Diskutieren Sie die Vor- und Nachteile der RFM-Methode.

Lösung:

a)

Da die „Drink Healthy AG" ihre Kunden in Quantile unterteilen möchte, entfallen bei jedem Score (d. h. R-Score, F-Score, M-Score) jeweils drei Kunden auf jede der fünf Klassen (d. h. Klasse 1 bis 5). In der R-Score-Tabelle sieht man bspw., dass das erste Kunden-Quantil (d. h. die besten 20 % der Kunden (= Kunde 1001, 1091, 3001)) der Klasse 5 zugeordnet ist, während das zweite Quantil die nächsten drei Kunden (= Kunde 2341, 6571, 9871) enthält usw.

Kundennummer	Recency (Aktualität)	Rang	R-Score
1001	-1	1	5
1091	-2	2	5
3001	-3	3	5
2341	-5	4	4
6571	-8	5	4
9871	-8	6	4
1331	-10	7	3
1231	-12	8	3
8761	-15	9	3
2221	-18	10	2
8991	-23	11	2
9761	-31	12	2
5661	-34	13	1
7641	-45	14	1
4121	-56	15	1

Die Vorgehensweise in der F-Score- und M-Score-Tabelle ist analog.

Kundennummer	Frequency (Häufigkeit)	Rang	F-Score
1001	15	1	5
6571	12	2	5
2341	9	3	5
1091	8	4	4
2221	8	5	4
8761	8	6	4
1231	7	7	3
1331	5	8	3
5661	4	9	3
3001	3	10	2
7641	3	11	2
9871	3	12	2
4121	2	13	1
8991	2	14	1
9761	1	15	1

Kundennummer	Monetary (Umsatz)	Rang	M-Score
1001	1245	1	5
6571	999	2	5
8761	876	3	5
2341	789	4	4
7641	712	5	4
1091	671	6	4
4121	600	7	3
1231	456	8	3
9761	456	9	3
9871	410	10	2
1331	340	11	2
8991	290	12	2
5661	200	13	1
2221	150	14	1
3001	123	15	1

b)

Durch Kombination der Werte für den R-Score, F-Score und M-Score kann nun für jeden Kunden die RFM-Klasse ermittelt und eine Rangliste erzeugt werden. Die attraktivste Kundengruppe (d. h. das erste Quantil) besteht aus den Kunden 1001, 1091 und 3001. Diese Kunden haben einen „RFM-Klasse"-Wert, der mit „5" beginnt. Die Kunden in der nächst lukrativsten Kundengruppe haben einen „RFM-Klasse"-Wert, der mit „4" beginnt. Die am wenigsten attraktive Kundengruppe (d. h. das letzte Quantil) besteht aus den Kunden 5661, 7641 und 4121. Diese haben einen „RFM-Klasse"-Wert, der mit „1" beginnt. Auf Basis der RFM-Klasse"-Werte kann nun eine Einteilung in fünf Attraktivitätsgruppen erfolgen.

Kundennummer	R-Score	F-Score	M-Score	RFM-Klasse
1001	5	5	5	555
1091	5	4	4	544
3001	5	2	1	521
2341	4	5	4	454
6571	4	5	5	455
9871	4	2	2	422
1331	3	3	2	332
1231	3	3	3	333
8761	3	4	5	345
2221	2	4	1	241
8991	2	1	2	212
9761	2	1	3	213
5661	1	3	1	131
7641	1	2	4	124
4121	1	1	3	113

c)

Zu den Vorteilen der RFM-Methode zählen die gute Verfügbarkeit der für die Methode notwendigen Daten ebenso wie ihre leichte Anwendbarkeit und Implementierung in unternehmerische CRM-Systeme. Wie andere Verfahren der Objektpriorisierung (z. B. ABC-Analyse) erlaubt die RFM-Methode eine einfache und intuitiv eingängige Sortierung und Klassifizierung von Kunden hinsichtlich ihrer Bedeutung für das Unternehmen.

Zu den Nachteilen zählt die fehlende Prognosemöglichkeit von Kundenkaufverhalten, da nur vergangenheitsbezogene Daten verwendet werden. Weiterhin finden Erstkäufer, die möglicherweise über ein hohes Kaufpotenzial verfügen, keine Berücksichtigung. Schließlich berücksichtigt die Methode nicht die Gründe für variierende Kaufhäufigkeiten und Umsätze. Aus diesen Gründen kommen in der CRM-Praxis zunehmend Ansätze zum Einsatz, die mehr Informationen über das Kundenverhalten berücksichtigen; dazu zählt bspw. der Customer Lifetime Value (s. Kap. 5, Aufgabe 5).

Aufgabe 4: Mehrdimensionales Scoring

Das Unternehmen „GlasKlar" möchte bei drei seiner Kunden den Kundenwert mittels eines mehrdimensionalen Scorings, bei dem sowohl monetäre als auch nicht-monetäre Kundenwertpotenziale berücksichtigt werden, bestimmen. Als Kriterien werden dabei der Umsatz (Gewichtungsfaktor 0,25), der Deckungsbeitrag (Gewichtungsfaktor 0,4), das Referenzpotenzial (Gewichtungsfaktor 0,15) und das Informationspotenzial (0,2) der einzelnen Kunden ausgewählt. Die drei Kunden werden von dem Marketingleiter der „GlasKlar" auf einer Skala von 1 bis 10 hinsichtlich der vier Kriterien bewertet. Die folgende Tabelle zeigt das Ergebnis:

Kriterium	Kunde 1	Kunde 2	Kunde 3
Umsatz	10	7	7
Deckungsbeitrag	7	9	10
Referenzpotenzial	7	6	5
Informationspotenzial	4	8	6

Bestimmen Sie den Kundenwert der drei Kunden und bringen Sie diese entsprechend in eine Rangfolge.

Lösung:

Kriterium	Gewichtungsfaktor	Kunde 1		Kunde 2		Kunde 3	
Umsatz	0,25	10	2,5	7	1,75	7	1,75
Deckungsbeitrag	0,4	7	2,8	9	3,6	10	4
Referenzpotenzial	0,15	7	1,05	6	0,9	5	0,75
Informationspotenzial	0,2	4	0,8	8	1,6	6	1,2
Summe			7,15		7,85		7,7
Ranking			III		I		II

Kunde 2 hat nach dem hier verwendeten mehrdimensionalen Scoring den höchsten Kundenwert gefolgt von Kunde 3 und Kunde 1.

Aufgabe 5: Berechnung des Customer Lifetime Value[9]

Sie sind Teil der Marketingabteilung eines Unternehmens, das weltweit Meerwasseraufbereitungsanlagen baut und betreibt. Die Geschäftsführung hat Ihnen mitgeteilt, dass der Zuschlag, für einen chinesischen Kunden eine Meerwasseraufbereitungsanlage zu bauen und zu betreiben, kurz bevorsteht. Aufgrund der angespannten politischen Lage (insbesondere mit den USA) und vergangener Protestaktionen gegen den Kunden aus China plant die Geschäftsführung vor Annahme des Auftrags eine umfangreiche Prüfung. Sie wurden mit der Aufgabe betraut, die Profitabilität der Kundenbeziehung mit Hilfe des Customer Lifetime Value (CLV) zu berechnen. Sie gehen dabei von einem Kalkulationszinsfuß von 8 % aus. Würden Sie der Geschäftsführung empfehlen, den Auftrag auf Grundlage des CLV anzunehmen?

Von Ihren Kolleginnen aus den unterschiedlichen Abteilungen erhalten Sie die folgenden Informationen:

- Die vertraglich vereinbarte Betriebsdauer beläuft sich auf fünf Jahre, beginnend mit dem 01.01.2023.
- Die Vergütung in der Betriebsphase beläuft sich auf jährlich 11 Mio. €.
- Für den Planungsaufwand erhalten Sie im Jahr 2022 einmalig 7,5 Mio. €.
- Im Jahr 2025 verkaufen Sie ausgetauschte Ersatzteile der Anlage und erwirtschaften damit zusätzlich 6 Mio. €.
- Im Jahr 2022 startet die Planung des Projekts. Insgesamt werden im Jahr 2022 bereits 15 Ingenieure eingesetzt, die Kosten in Höhe von 300.000 € pro Jahr verursachen. Für einen spanischen Kunden werden im Jahr 2023 zehn Ingenieure abgezogen, die restlichen fünf Ingenieure beschäftigen sich über die ganze Vertragsdauer mit dem chinesischen Kunden.
- Für diesen Auftrag wird im Jahr 2022 eine chinesische Servicemannschaft aufgebaut. Dadurch entstehen im Jahr 2022 Kosten in Höhe von 7 Mio. €. Im Jahr 2023 erwarten Sie Fixkosten (z. B. für Personal, Ausrüstung) in Höhe von 9,5 Mio. €. In den folgenden Jahren können diese Fixkosten um jeweils 19 % gesenkt werden.
- Im Jahr 2025 wird das Gebäude der globalen Hauptverwaltung fertiggestellt. Insgesamt verursacht der Bau einmalig Kosten in Höhe von 11 Mio. €.
- In der jährlichen Grundvergütung sind zwei für 2024 und 2025 geplante Inspektionen, die jeweils 2,5 Mio. € kosten, inkludiert.
- Die Entschlammung der Meerwasseraufbereitungsanlage kostet Sie im Jahr 2025 einmalig 5 Mio. €.

---

[9] In Anl. an Homburg (2017), S. 299.

- Zur „Beziehungspflege" mit der chinesischen Regierung fallen im Jahr 2022 2 Mio. € und im Jahr 2025 weitere 1,5 Mio. € an.
- Der Kunde bittet Sie unabhängig von diesem Projekt regelmäßig um Beratungsleistungen und Gutachtertätigkeiten, die Sie ihm nicht in Rechnung stellen können, intern aber Kosten in Höhe von 150.000 € pro Jahr für 2024 bis 2027 verursachen.
- Durch die Tätigkeit für dieses chinesische Unternehmen verschlechtert sich Ihr Image in den USA. Speziell wegen dieses einen Auftrages erhöhen Sie daher Ihre Marketing- und Lobbyingausgaben in den USA ab 2023 von jährlich 1 Mio. € auf jährlich 1,5 Mio. €.

Lösung:

Die folgende Tabelle zeigt die Verteilung der Einnahmen und Ausgaben über die verschiedenen Jahre:

In 1.000 €	2022	2023	2024	2025	2026	2027	Σ
Einnahmen	7.500	11.000	11.000	17.000	11.000	11.000	68.500
Ausgaben Ingenieure	4.500	1.500	1.500	1.500	1.500	1.500	12.000
Ausgaben Servicemannschaft	7.000	9.500	7.695	6.232,95	5.048,6895	4.089,4385	39.566,078
Ausgaben Inspektion			2.500	2.500			5.000
Ausgaben Entschlammung				5.000			5.000
Ausgaben Beziehungsmanagement	2.000			1.500			3.500
Ausgaben Gutachten			150	150	150	150	600
Ausgaben Marketing		500	500	500	500	500	2.500
Gesamtausgaben	13.500	11.500	12.345	17.382,95	7.198,6895	6.239,4385	68.166,078
Jährlicher Finanzüberschuss	-6.000	-500	-1.345	-382,95	3.801,3105	4.760,5651	333,922

Anmerkung: Die Ausgaben zum Bau der neuen Hauptverwaltung gehen nicht mit in die Berechnung ein, da die dadurch entstehenden Kosten dem Auftraggeber nicht direkt zurechenbar sind.

Die Berechnung des CLV erfolgt durch die Diskontierung der jährlichen Einnahmeüberschüsse mit dem angegebenen Kalkulationszinsfuß von 8 %:

Kundenwert = $\sum_{t=0}^{t=n} \frac{e_t - a_t}{(1+i)^t} = e_0 - a_0 + \frac{e_1 - a_1}{(1+i)} + \frac{e_2 - a_2}{(1+i)^2} + ... + \frac{e_n - a_n}{(1+i)^n}$

Mit
e_t = Einzahlung zum Zeitpunkt t
a_t = Auszahlung zum Zeitpunkt t
i = Kalkulationszinssatz

CLV = $(7.500 - 13.500) + \frac{(11.000 - 11.500)}{1,08} + \frac{(11.000 - 12.345)}{1,08^2} + \frac{(17.000 - 17.382,95)}{1,08^3} +$

$\frac{(11.000 - 7.198,8695)}{1,08^4} + \frac{(11.000 - 6.239,4385)}{1,08^5}$

$= -6.000 - 462,963 - 1.153,121 - 303,998 + 2.794,077 + 3.239,958 = -1.886,047$

Die Summe der diskontierten Einnahmeüberschüsse ist negativ und beträgt –1.886,047 €. Sie sollten der Geschäftsführung raten, den Auftrag entweder nachzuverhandeln oder in Gänze abzulehnen.

Aufgabe 6: Kundensegmentspezifische Produktpolitik[10]

Sie arbeiten in der CRM-Abteilung eines Parfümherstellers und sind für die Produktgruppe „Düfte für Frauen" zuständig. Durch Anpassung des Produktsortiments möchten Sie die Kundenzufriedenheit erhöhen und den Gewinn der Produktgruppe steigern. Am Ende von Jahr 0 überlegen Sie, entweder das bisherige Produkt (A) weiterhin anzubieten (Handlungsalternative 1) oder zum Ende des Jahres 0 vom Markt zu nehmen und dafür eines der beiden neuen Produkte (B oder C) zu Beginn von Jahr 1 auf den Markt zu bringen (Handlungsalternative 2).

Die Fläschchen (35 ml) der Parfüms A und B werden zu einem Preis von 35 € angeboten. Das Parfüm C hat einen Preis von 50 € pro 35-ml-Flasche. Es fallen variable Kosten für Parfüm A und B von 10 € und bei Parfüm C in Höhe von 20 € an. Fixkosten finden keine Berücksichtigung.

Aufgrund von Erfahrungswerten wird davon ausgegangen, dass 250.000 potenzielle Kundinnen Parfüm A kaufen würden. Eine Veränderung dieser potenziellen Absatzmenge wird bei einem Produktwechsel (z. B. von Parfüm A auf B oder C) oder im Zeitablauf nicht erwartet. Die identifizierten Kundinnen lassen sich in folgende homogene Segmente einteilen:

---

[10] In Anl. an Helm/Gierl (2005), S. 32f.

- Segment 1: Typ „Best Ager"
- Segment 2: Typ „Mid Ager"
- Segment 3: Typ „Youngster"

Segment	Prozentualer Segmentanteil	Durchschnittliche Konsummenge (in ml/Jahr)	Kaufwahrscheinlichkeit für A	Kaufwahrscheinlichkeit für B	Kaufwahrscheinlichkeit für C
Best Ager	30 %	140	65 %	55 %	45 %
Mid Ager	55 %	70	25 %	65 %	35 %
Youngster	15 %	70	15 %	5 %	

a) Ermitteln Sie die Deckungsbeiträge für die Handlungsalternativen 1 und 2.

b) Für welche Handlungsalternative entscheiden Sie sich, wenn Sie von einem Planungshorizont von zwei Jahren (Ende Planungshorizont = Ende Jahr 2) ausgehen?

Lösung:

a)

Folgende Handlungsalternativen stehen zur Verfügung:

- a_1: weiterhin A anbieten,
- a_2: A in t = 0 eliminieren und B in t = 1 einführen,
- a_3: A in t = eliminieren und C in t = 1 einführen.

Folgende Preise und Kosten sind gegeben:

$p_A = p_B = 35\ €\ ;\ p_C = 50\ €$
$k_A = k_B = 10\ €\ ;\ k_C = 20\ €$

Zu beachten ist, dass ausschließlich 35-ml-Fläschen angeboten werden.

Die 250.000 potenziellen Kundinnen verteilen sich wie folgt auf die drei Segmente:

- Segment 1: 250.000 * 30 % = 75.000
- Segment 2: 250.000 * 55 % = 137.500
- Segment 3: 250.000 * 15 % = 37.500

Eine durchschnittliche Konsummenge von 140 Milliliter pro Jahr entspricht 4 Fläschchen Parfüm à 35 ml. Durch Multiplikation der potenziellen Kundenanzahl mit der segmentspezifischen durchschnittlichen Konsummenge pro Jahr ergeben sich folgende potenzielle Absatzmengen pro Segment und Jahr:

- Segment 1: 75.000 * 4 Fläschchen = 300.000 Fläschchen
- Segment 2: 137.500 * 2 Fläschchen = 275.000 Fläschchen
- Segment 3: 37.500 * 2 Fläschchen = 75.000 Fläschchen

Der Deckungsbeitrag berechnet sich deshalb wie folgt:

a_1 = (300.000 * 0,65 + 275.000 * 0,25 + 75.000 * 0,15) * (35 - 10) = 275.000 * 25 = 6.875.000

a_2 = (300.000 * 0,55 + 275.000 * 0,65 + 75.000 * 0,05) * (35 - 10) = 347.500 * 25 = 8.687.500

a_3 = (300.000 * 0,45 + 275.000 * 0,35 + 75.000 * 0,35) * (50 - 20) = 257.500 * 30 = 7.725.000

b)

	t = 1	t = 2	Σ	Entscheidung
a_1	6.875.000	6.875.000	13.750.000	
a_2	8.687.000	8.687.000	17.375.000	Optimale Aktion
a_3	7.725.000	7.725.000	15.450.000	

Sie sollten sich dafür entscheiden, das bisher angebotene Parfüm A zum Ende von Jahr 0 aus dem Markt zu nehmen und zu Beginn von Jahr 1 das Parfüm B auf den Markt zu bringen, da damit die Summe der Deckungsbeiträge über die zwei Perioden am größten ist.

Aufgabe 7: Der Kundenbeziehungs-Lebenszyklus[11]

a) Beschreiben Sie in Grundzügen den Kundenbeziehungs-Lebenszyklus nach Stauss und Seidel.

b) Entwerfen Sie grafisch einen Kundenbeziehungs-Lebenszyklus. Die zwei Achsen sind Beziehungsintensität (Ordinate) und Dauer der Kundenbeziehung (Abszisse). Erläutern Sie anschließend die einzelnen Phasen der Kundenbeziehung.

---

[11] In Anl. an Stauss/Seidel (2014), S. 4ff.

[Diagramm: Y-Achse „Beziehungsintensität z.B. Kundenwert", X-Achse „Zeit"]

Lösung:

a)

Der Kundenbeziehungs-Lebenszyklus nach Stauss und Seidel ist ein Konzept des Customer Relationship Management (CRM). Dieses Konzept beschreibt einen aus CRM-Sicht idealtypischen Verlauf einer Geschäftsbeziehung. Jede Geschäftsbeziehung durchläuft von der Anbahnung bis zur Beendigung verschiedene Phasen, die durch jeweils unterschiedliche Wachstumsraten der Beziehungsintensität gekennzeichnet sind. Dadurch ergeben sich für das CRM phasenspezifische Aufgaben. Die Beziehungsintensität kommt i. d. R. durch den Kundenwert zum Ausdruck. Nach dem Kundenbeziehungs-Lebenszyklus-Konzept werden drei Kundengruppen unterschieden: 1) potenzielle Kunden (sog. Prospects), 2) aktuelle Kunden und 3) verlorene Kunden. Das unternehmerische Interessentenmanagement fokussiert auf potenzielle Kunden, das Kundenbindungsmanagement auf aktuelle Kunden und das Rückgewinnungsmanagement auf verlorene bzw. ehemalige Kunden.

Ziel des Interessentenmanagement ist in der Anbahnungsphase bei potenziellen Kunden Interesse zu wecken sowie Erstkäufe zu initiieren (Interessenten- und Kundengewinnung). Das Kundenbindungsmanagement versucht Kunden zu binden und zu „entwickeln", d. h. das Umsatzpotenzial von Kunden auszuschöpfen. Ziel des Beziehungsauflösungsmanagement ist die Beendigung von Geschäftsbeziehungen zu langfristig unprofitablen oder „problematischen" Kunden. Im Fokus des Rückgewinnungsmanagement steht die Ansprache und mögliche Rückgewinnung von abgewanderten Kunden.

b)

Abbildung 5.1 Kundenbeziehungs-Lebenszyklus nach Stauss und Seidel (2014)

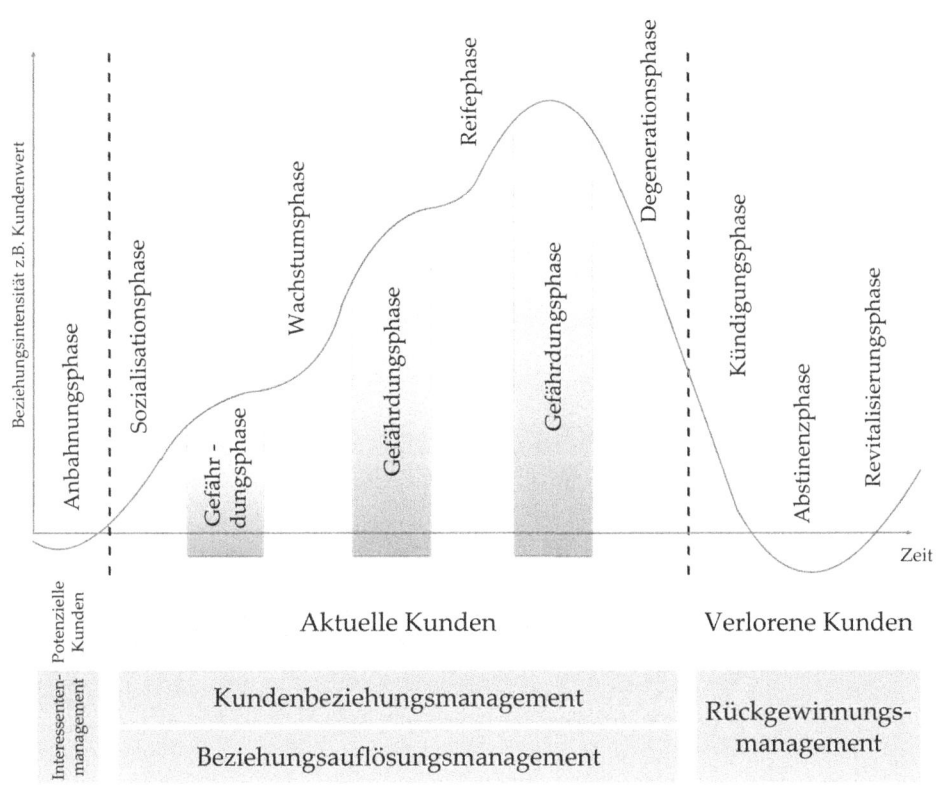

Teil IV: Operative Marketingplanung

6 Produktpolitik

Aufgabe 1: Die BCG-Portfolio-Matrix

Veranschaulichen Sie die BCG-Portfolio-Matrix grafisch. Geben Sie an, wie die den Quadranten zugeordneten Produkte und die mit diesen Produkten assoziierten Normstrategien genannt werden, und beschreiben Sie diese.

Lösung:

Abbildung 6.1   BCG-Portfolio-Matrix

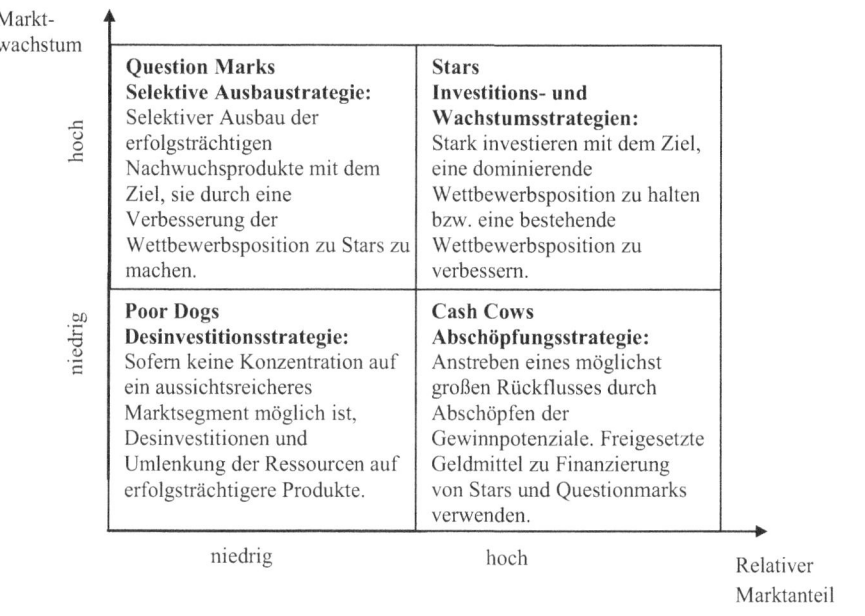

Aufgabe 2: Das ASSESSOR-Modell[12]

Ökologische Lebensmittel sind einer der Trends auf dem Lebensmittelmarkt. Die Kundengruppe, in welcher Ökolebensmittel konsumiert werden, umfasst mittlerweile nahezu alle Gesellschaftsschichten und stellt eines der am stärksten wachsenden Marksegmente dar. Zudem zeichnen sich Ökolebensmittel durch ein positives Image aus. Vor diesem Hintergrund plant „Beefbaker" – ein Unternehmen, das Frikadellen für Hamburger an Fastfood-

---

[12] In Anl. an Homburg (2017), S. 139ff.

Restaurants liefert – ein Hamburgerpatty aus Bio-Rindfleisch in den Markt einzuführen. Qualitative Vorstudien deuten auf positive Erfolgsaussichten für das Produkt hin.

Mit der Fastfood-Restaurantkette „Mc-Burger", die von Beefbaker beliefert wird, konnte ein Kooperationspartner für Markttests am Point of Sale gewonnen werden, um die Akzeptanz von Hamburgern mit Bio-Rindfleisch bei Endkunden zu untersuchen. Das auf der Burgerfrikadelle aus Bio-Rindfleisch basierende Testprodukt wird „Big-Bio" genannt.

Damit sich die Burgerfrikadelle aus Bio-Rindfleisch rentiert, muss ein Marktanteil von 4,9 % erreicht werden. Ist dies nicht möglich, sollte „Beefbaker" von der Aufnahme des Produktes in das Sortiment absehen. Zur Schätzung des Marktanteils für den „Big-Bio" wird das ASSESSOR-Modell verwendet.

Die bedingte Erstkaufwahrscheinlichkeit F unter Endkunden für den „Big-Bio" wird durch die Alleinstellung im Markt auf 0,20 geschätzt. Aufgrund der Intensivität der geplanten Marketingaktivitäten am Point of Sale in Fastfood-Restaurants, TV, Internet und in den Printmedien beträgt die Wahrscheinlichkeit K für die Bekanntheit des neuen Burgers 0,5. Fastfood-Restaurants sollen zahlreiche Anreize für die Aufnahme des neuen Produktes gegeben werden, somit liegt die erwartete Distributionsquote D bei 0,65.

Da sich bei dem innovativen Produkt neue Promotionsaktionen anbieten, sollen im Rahmen von Verkostungsaktionen Miniversionen des „Big-Bio" in Filialen von „Mc-Burger" an Kunden ausgeteilt werden. Es wird davon ausgegangen, dass 70 % aller Filialbesucher einen Miniburger probieren werden und dass jede fünfte Person im Anschluss einen „Big-Bio" bestellen wird.

Es wurden zwei Kaufsimulationsstudien durchgeführt, welche die in der folgenden Tabelle dargestellten Wahrscheinlichkeiten für einen Wechsel zwischen Produkten zum Ergebnis haben.

t ⇩ t+1 ⇨	Big-Bio	Sonstige Produkte
Big-Bio	0,65	0,35
Sonstige Produkte	0,15	0,85

a) Schätzen Sie den zu erwartenden Marktanteil des Bio-Burgers mit Hilfe des Trial-Repeat-Modells. Die Marktanteilsprognose wird berechnet mit

   $M = T * S$

   wobei

   T = Versuchskaufrate
   S = Wiederkaufrate (langfristig)

Die Versuchskaufrate wird berechnet mit

$T = F * K * D + C * U - (F * K * D) * (C * U)$

wobei

F = Bedingte Kaufwahrscheinlichkeit (Kaufwahrscheinlichkeit bei Bekanntheit & Verfügbarkeit)
K = Bekanntheitsgrad des Produktes
D = Verfügbarkeitsgrad des Produktes
C = Anteil der Konsumenten, die eine Probe des neuen Produktes erhalten
U = Anteil dieser Konsumenten, die einen Probekauf tätigen

Sollte das Unternehmen „Beefbaker" aufgrund der Ergebnisse eines Trial-Repeat-Modells die Hamburger-Frikadelle aus Bio-Rindfleisch dauerhaft in das Sortiment aufnehmen?

Als Grundlage für die Schätzung des zu erwartenden Marktanteils anhand des Präferenzmodells wurden an zehn Personen mit dem Konstantsummenverfahren[13] Paarvergleichsdaten erhoben. Zum Vergleich wurden vier Produkte aus dem Angebot von anderen Fastfood-Anbietern gewählt: „Barbecue-Burger", „Turkey-Burger", „Mega-Burger" und „Mini-Burger". Die Informationen aus der folgenden Tabelle mit den Paarvergleichsdaten zeigen, dass sich die Personen 4, 5 und 7 für den „Big-Bio" entschieden haben. Bei „Mc-Burger" rechnet man auf Basis von Erfahrungswerten damit, dass ca. 19 % der Zielgruppenmitglieder den „Big-Bio" in ihr Relevant Set aufnehmen würden.

---

[13] Bei diesem Verfahren verteilen Personen einen festgelegten Betrag (Geldbetrag, Punkte, Prozente usw.) vollständig über ein Set von Objekten bzw. Alternativen.

Person	Relevant Set	Paarvergleiche			Paarvergleiche nach Kauf des „Big-Bio"		
1	A, C	A	C				
		7	4				
2	A, C	A	C				
		6	5				
3	A, B, D	A	B	D			
		2	9				
		6		5			
			7	4			
4	B, C	B	C		B	C	„Big-Bio"
		8	3		6	5	
					4		7
					1		10
5	C, D	C	D		C	D	„Big-Bio"
		5	6		4	7	
					9		2
						7	4
6	B, C, D	B	C	D			
		2	9				
		10		1			
			8	3			
7	B, C	B	C		B	C	„Big-Bio"
		3	8		5	6	
					7		4
						6	5
8	A, D	A	D				
		2	9				
9	A, B	A	B				
		5	6				
10	A, B, D	A	B	D			
		9	2				
		5		6			
			1	10			

A = Barbecue-Burger; B = Turkey-Burger; C = Mega-Burger; D = Mini-Burger

Aus diesen Präferenzdaten lassen sich nun nach dem bekannten Schema die individuellen und aggregierten Kaufwahrscheinlichkeiten für den „Big-Bio" berechnen:

Person	p_i (l)				p_{i^*} (l)				„Big-Bio"
	A	B	C	D	A	B	C	D	
1	0,636		0,364						
2	0,545		0,455						
3	0,242	0,485		0,273					
4						0,303	0,182		0,515
5							0,394	0,424	0,182
6		0,364	0,515	0,121					
7					?	?	?	?	?
8	0,182			0,818					
9	0,455	0,545							
10	0,424	0,091		0,485					
M_1					?	?	?	?	?
M_2	0,355	0,212	0,190	0,242					

b) Bestimmen Sie aus den vorgegebenen Daten die fehlenden individuellen Kaufwahrscheinlichkeiten der Person 7. Welche aggregierte Kaufwahrscheinlichkeit (M_1) ergibt sich damit für den „Big-Bio"? Berechnen Sie auf dieser Grundlage den nach dem Präferenzmodell zu erwartenden Marktanteil. Lohnt sich die Einführung des Burgers auf Basis von Bio-Rindfleisch?

c) Berechnen Sie den Endwert für die Marktanteilsprognose des ASSESSOR-Modells. Wie wäre die Entscheidung bei dieser Sachlage zu fällen?

Lösung:

a)

Berechnung des zu prognostizierenden Marktanteils mit Hilfe des Trial-Repeat-Modells

Versuchskaufrate T:

$T = F * K * D + C * U - (F * K * D) * (C * U)$

$= 0{,}2 * 0{,}5 * 0{,}65 + 0{,}7 * \frac{1}{5} - (0{,}2 * 0{,}5 * 0{,}65) * (0{,}7 * \frac{1}{5})$

$= 0{,}196$

Wiederkaufrate S:

$$S = \frac{0{,}15}{1 + 0{,}15 - 0{,}65} = \frac{0{,}15}{0{,}5} = 0{,}3$$

Die Marktanteilschätzung des Trial-Repeat-Modells beträgt somit:

$M_{TR}^* = T * S = 0{,}196 * 0{,}3 = 0{,}05877 \approx 5{,}9\,\%$

b)

Berechnung des prognostizierten Marktanteils mit Hilfe des Präferenzmodells

Die fehlenden individuellen Kaufwahrscheinlichkeiten für den Probanden 7 lauten:

A: $\frac{0}{33} = 0$ **B:** $\frac{12}{33} = 0{,}364$ **C:** $\frac{12}{33} = 0{,}364$ **D:** $\frac{0}{33} = 0$ **Big-Bio:** $\frac{9}{33} = 0{,}273$

Daraus ergibt sich per Durchschnittsbildung die aggregierte Kaufwahrscheinlichkeit für den „Big-Bio":

$M_1\,(\text{„Big-Bio"}) = \frac{1}{3} * (0{,}515 + 0{,}182 + 0{,}273) = 0{,}323$

Der Anteil E* der Personen, die den „Big-Bio" in ihr Relevant Set aufnehmen, betrug gemäß den Schätzungen von Mc-Burger 19 %.

Die nach dem Präferenzmodell ermittelte Marktanteilsprognose für den „Big-Bio" beträgt demnach:

$M_{PR}^* = 0{,}19 * \frac{1}{3} * (0{,}515 + 0{,}182 + 0{,}273) = 0{,}06 = 6\,\%$

Weiterführende Berechnungen:

ASSESSOR bietet auch die Möglichkeit, die Marktanteile der übrigen Burger nach der Einführung des „Big-Bio" zu prognostizieren (Vorgehen vollkommen analog zur Berechnung des Anteils des „Big-Bio").

Man berechnet zunächst die aggregierten Kaufwahrscheinlichkeiten der betreffenden Produkte bei den Probanden, die den „Big-Bio" gewählt haben:

$M_1\,(A) = \frac{1}{3} * (0 + 0 + 0) = 0$

$M_1\,(B) = \frac{1}{3} * (0{,}303 + 0 + 0{,}364) = 0{,}222$

$M_1\,(C) = \frac{1}{3} * (0{,}182 + 0{,}394 + 0{,}364) = 0{,}313$

$M_1\,(D) = \frac{1}{3} * (0 + 0{,}424 + 0) = 0{,}141$

Im Anschluss werden die aggregierten Kaufwahrscheinlichkeiten für die Probanden berechnet, die den „Big-Bio" nicht gewählt haben:

Produktpolitik

$M_2(A) = \frac{1}{7} * (0{,}636 + 0{,}545 + 0{,}242 + 0 + 0{,}182 + 0{,}455 + 0{,}424) = 0{,}355$

$M_2(B) = \frac{1}{7} * (0 + 0 + 0{,}485 + 0{,}364 + 0 + 0{,}545 + 0{,}091) = 0{,}212$

$M_2(C) = \frac{1}{7} * (0{,}364 + 0{,}455 + 0 + 0{,}515 + 0 + 0 + 0) = 0{,}190$

$M_2(D) = \frac{1}{7} * (0 + 0 + 0{,}273 + 0{,}121 + 0{,}818 + 0 + 0{,}485) = 0{,}242$

Zusammengefasst werden diese beiden Größen dann in der Berechnung des prognostizierten Marktanteils für die Produkte A bis D. Dies verläuft nach folgendem Muster (am Beispiel des Burgers A):

$M_{PR}(A) = 0{,}19 * 0 + 0{,}81 * 0{,}355$
$= 0{,}288$

Die Marktanteilsprognose für den Burger A **nach** der Einführung des „Big-Bio" beträgt also 28,8 %.

In analoger Weise berechnen sich die prognostizierten Marktanteile der anderen Burger:

$M_{PR}(B) = 21{,}4\,\%$

$M_{PR}(C) = 21{,}4\,\%$

$M_{PR}(D) = 22{,}3\,\%$

c)

Der Endwert für die Marktanteilsprognose des ASSESSOR-Modells ergibt sich als arithmetisches Mittel aus den beiden Teilschätzungen für den Marktanteil des „Big-Bio":

$M = \frac{1}{2} * (M_{TR} + M_{PR}) = 5{,}95\,\%$

Aufgabe 3: Berechnung des Break-Even-Absatzes[14]

Aufgrund der steigenden Ablehnung von konventionellen Süßstoffen hat ein Hersteller von Zahnpflegeprodukten geplant, einen zuckerfreien Kaugummi, welcher mit dem pflanzlichen Süßungsmittel Stevia produziert wird, in den Markt einzuführen. Als aufstrebender Produktmanager sind Sie damit beauftragt, auf Basis einer Break-Even-Analyse eine Wirtschaftlichkeitsrechnung aufzustellen. Als Grundlage für Ihre Berechnung dienen Ihnen folgende Angaben:

- Die Produktion des steviahaltigen Kaugummis kostet Ihr Unternehmen im Jahr 23 Mio. €.
- An Händler wird das Produkt für 3,23 € je kg vertrieben.
- Die variablen Kosten liegen bei 1,62 € je kg.

---

[14] In Anl. an Meffert/Burmann/Kirchgeorg (2013), S. 101f.

a) Berechnen und interpretieren Sie den Break-Even-Absatz (x_b).

b) Nehmen Sie kritisch zur Break-Even-Analyse stellung und argumentieren Sie, welche zusätzlichen qualitativen Faktoren bei einer Produkteinführungsentscheidung Berücksichtigung finden sollten.

Lösung:

a)

Folgende Formel dient zur Berechnung des Break-Even-Absatzes:

$$x_b = \frac{K_f}{p - k_v} = \frac{23.000.000\ €}{3{,}23\ €/kg - 1{,}62\ €/kg} = 14.285.714{,}29\ kg$$

Der Break-Even-Absatz beträgt 14.285.714,29 kg. Wenn der Absatz des Produktes in einem Jahr über diesem Volumen liegt, ist das Produkt rentabel und eine Einführung in den Markt sinnvoll.

b)

Als Kritikpunkte an der Break-Even-Analyse lassen sich folgende Aspekte anführen:

- Es handelt sich um eine statistische Analyse, d. h., es erfolgt keine Diskontierung der Ein- und Auszahlungen.
- Die unterstellten linearen Verläufe sind nicht realistisch.
- Unsicherheiten in Daten werden nicht berücksichtigt.
- Verschiedene Marketingstrategien werden nicht differenziert berücksichtigt.

Die vorgenommene einperiodige Break-Even-Analyse unterstellt ein konstantes Durchschnittsumsatzniveau über den Lebenszyklus des Produktes, was nicht angemessen ist. Eine zeitbezogene Break-Even-Analyse ist geeigneter, um zu bestimmen, wann die kumulierten Deckungsbeiträge gleich den kumulierten Fixkosten sind.

Aufgabe 4: Produktanpassungsentscheidungen[15]

Ein als Monopolist agierendes Unternehmen plant, ein bei Kunden bereits beliebtes Produkt qualitativ zu verbessern. Sie werden damit beauftragt, zu bestimmen, ob die mit der Qualitätsverbesserung einhergehende Steigerung der Grenzkosten in finanzieller Hinsicht sinnvoll ist.

Sie erhalten nachfolgend aufgeführte Informationen:

- Nachfragefunktion vor der Produktüberarbeitung: $\quad p_i(x) = 20 - 0{,}75x$
- Grenzkosten vor der Produktüberarbeitung: $\quad K_i'(x) = 2$

---

[15] In Anl. an Meffert/Burmann/Kirchgeorg (2013), S. 102.

■ Nachfragefunktion nach der Produktüberarbeitung: $p_{ii}(x) = 23 - 0{,}5x$

■ Grenzkosten nach der Produktüberarbeitung: $K'_{ii}(x) = 6$

Lösung:

Es muss ermittelt werden, wie sich die veränderte Nachfragefunktion nach der Produktüberarbeitung unter Berücksichtigung der erhöhten Grenzkosten auf den mit dem Produkt erzielten Gewinn auswirkt.

Berechnung des Bruttogewinns vor der Produktüberarbeitung:

$U'(x) = K'(x)$

$20 - 1{,}5x = 2$

$x_{opt} = 12$

$p_{opt} = 11$

$DB_i = (11 - 2) * 12 = 108$

Brechnung des Bruttogewinns nach der Produktüberarbeitung:

$23 - x = 6$

$x_{opt} = 17$

$p_{opt} = 14{,}5$

$DB_{ii} = (14{,}5 - 6) * 17 = 144{,}5$

In finanzieller Hinsicht ist die Überarbeitung des Produktes hinsichtlich qualitativer Aspekte sinnvoll, da ein um 36,5 € höherer Bruttogewinn erzielt werden kann.

Aufgabe 5: Kannibalisierung bei Produktneueinführungen

Sie sind bei dem Werkzeughersteller „Tools AG" verantwortlich für Standardprodukte. Jährlich werden 12.550 Stück des Standard-Kunststoffhammers zu einem Preis von 8 € verkauft. Die Fixkosten für dieses Produkt betragen 50.000 € und die variablen Stückkosten liegen bei 2,40 €. Das Unternehmen plant eine Produktdifferenzierung durch die zusätzliche Einführung eines neuen Kunststoffhammers mit verbessertem Griffprofil, von dem erwartet wird, dass 7.000 Stück verkauft werden können. Der Preis des neuen Produktes liegt bei 9,50 € bei Fixkosten von 35.000 € und variablen Stückkosten von 2,80 €. Durch die Einführung des neuen Produktes rechnet das Unternehmen mit einem Rückgang der verkauften Stückzahlen bei dem alten Produkt um 12 %.

a) Bestimmen Sie die Kannibalisierungsrate des neuen Produktes.

b) Sollte die „Tool AG" das neue Produkt einführen, wenn der Unternehmensgewinn als Entscheidungskriterium herangezogen wird?

Lösung:

a)

Kannibalisierungsrate (%) = $\frac{\text{Umsatzverlust vorhandener Produkte (€)}}{\text{Umsatz des neuen Produkts (€)}} * 100$

Umsatz vorhandenes Produkt = 100.400 €

Umsatzverlust vorhandener Produkte = 100.400 € * 12 % = 12.048 €

Umsatz neues Produkt = 66.500 €

Kannibalisierungsrate (%) = $\frac{12.048\ (€)}{66.500\ (€)} * 100$

Kannibalisierungsrate = 18,12 %

→ d. h., 18,12 % der Verkäufe des neu eingeführten Produkts gehen zu Lasten der Verkäufe des alten Produkts

b)

Gewinn vor der Einführung des neuen Produktes:

Umsatz = 12.550 * 8 € = 100.400 €

Fixkosten = 50.000 €

Variable Kosten = 30.120 €

Gesamtkosten = 80.120 €

Gewinn = 20.280 €

Gewinn nach Einführung des neuen Produktes:

Gewinn vorhandenes Produkt:

Der Absatz bzw. Umsatz des alten Produkts geht durch die Einführung des neuen Produkts um 12 % zurück.

Neuer Absatz vorhandenes Produkt = 12.550 * 0,88 = 11.044 Einheiten

Neuer Umsatz vorhandenes Produkt = 100.400 € – 12.048 € = 88.352 €

Kosten = 50.000 € + 2,40 € * 11.044 = 76.505,60 €

Gewinn = 11.846,40 €

Gewinn neues Produkt:

Umsatz = 66.500 €

Kosten = 35.000 € + 2,80 € * 7.000 = 54.600 €

Gewinn = 11.900 €

Gesamtgewinn = 11.846,40 € + 11.900 € = 23.746,40 €

Antwort: Die „Tools AG" sollte das neue Produkt einführen, da der Gewinn um 23.746,40 € − 20.280 € = 3.466,40 € steigt.

Aufgabe 6: Elimination von Produkten

Die „Beauty AG" ist ein Kosmetikunternehmen, das in verschiedenen Kosmetiksegmenten Marktführer ist. Aufgrund der mit dem umfangreichen Produktportfolio einhergehenden Marketingkosten plant das Management eine Programmbereinigung. Dazu sollen nicht-performante Produkte identifiziert werden, die für eine Elimination in Frage kommen. Sie werden für die Produktsegmente „Shampoo" und „Haartönung" beauftragt, unter den vier von der „Beauty AG" angebotenen Marken diejenige zu bestimmen, die aus dem Programm genommen wird. Für Ihre Entscheidungsfindung stehen die folgenden Informationen zur Verfügung:

	Shampoo		Haartönung	
	Marke 1	Marke 2	Marke 3	Marke 4
Variable Stückkosten (k_v)	27	17	31	45
Preis (p)	32	20	41	65
Menge (x)	2.000	1.000	3.000	4.000
Produktionsfixe Kosten	2.000	3.500	5.000	30.000
Bereichsfixe Kosten	2.000		10.000	
Unternehmensfixe Kosten	30.000			

a) Bestimmen Sie auf Basis des Deckungsbeitrags III den Unternehmensgewinn der „Beauty AG".

b) Sollte die „Beauty AG" eine der vier Marken eliminieren? Wenn ja, wie würde sich die Elimination auf den Unternehmensgewinn auswirken?

c) Welche weiteren Kriterien spielen bei der Entscheidung, Marken bzw. Produkte zu eliminieren, eine Rolle?

Lösung:

a)

Der Deckungsbeitrag I (DB I) ist der einfache Deckungsbeitrag bzw. Erlöse minus variable Kosten.

Der Deckungsbeitrag II (DB II) ist die Differenz zwischen Deckungsbeitrag I und produktspezifischen Fixkosten.

Der Deckungsbeitrag III (DB III) ist die Differenz zwischen Deckungsbeitrag II und produktgruppen- bzw. bereichsspezifischen Fixkosten.

	Shampoo		Haartönung	
	Marke 1	Marke 2	Marke 3	Marke 4
DB (pro Stück)	5	3	10	20
DB I	10.000 = (32 * 2000) − (27 * 2000)	3.000 = (20 * 1000) − (17 * 1000)	30.000 = (41 * 3000) − (31 * 3000)	80.000 = (65 * 4000) − (45 * 4000)
DB II	8.000 = (10000 − 2000)	−500 = (3000 − 3500)	25.000 = (30000 − 5000)	50.000 = (80000 − 30000)
DB III	5.500 = (7500 − 2000)		65.000 = (75000 − 10000)	
Unternehmensgewinn	40.500 (Gewinn = Umsatz − Kosten → G = (p * x) − (K$_{Var}$ + K$_{Fix}$) → G = 467000 − (344000 + 82500))			

Der Unternehmensgewinn beträgt 40.500 €.

b)

Für eine Elimination kommt Marke 2 in Frage, da sie einen negativen DB II von 500 € aufweist. Mit Elimination von Marke 2 könnte somit der Unternehmensgewinn um 500 € gesteigert werden.

c)

Bei der geplanten Elimination von Marken und Produkten sind vor allem drei Aspekte zu berücksichtigen. Erstens entfallen nicht automatisch mit der Elimination des Produktes sofort auch alle mit dem Produkt verbundenen Kosten. So kann die Situation eintreten, dass auch bei verlustbringenden Produkten zumindest kurzfristig nach der Einstellung des Vertriebs ein noch größerer Verlust entsteht. Ursächlich sind hier Fixkosten, die nicht sofort abgebaut werden können, weil z. B. Wartungsverträge für Spezialmaschinen in der Produktion existieren. Zweitens kann es aufgrund von Verbundeffekten zwischen Produkten im Sortiment sinnvoll sein, ein verlustbringendes Produkt im Programm zu behalten, wenn dadurch der Absatz anderer, profitabler Produkte gefördert wird. So erwirtschaften Hersteller von Laser-Druckern ihre Erträge nicht unbedingt mit den Druckern, sondern mit dem Absatz der zugehörigen Lasertoner (Patronen). Drittens gilt, dass die Einführung und Pflege eines Ersatz- oder Nachfolgeproduktes für ein eliminiertes Produkt umfangreiche Anstrengungen in Entwicklung, Produktion und Marketing erfordert und mit einem Floprisiko behaftet ist. Im konkreten Einzelfall sind die Vor- und Nachteile einer Produktelimination also sorgfältig abzuwägen. Folglich existieren zwei Strategien der Produktelimination: die sofortige und die schrittweise Produktelimination.

7 Preispolitik

Aufgabe 1: Beeinflussung der Nachfrage durch Preisänderungen[16]

Die „Hardware GmbH" stellt Peripheriegeräte für Computersysteme her. Um den Erfolg des neuen Tastatur-Modells „T2022" abschätzen zu können, wurde dieses zunächst auf einem begrenzten Testmarkt angeboten.

Im ersten Quartal wurden insgesamt 380 „T2022" zu einem Preis von 38 € verkauft. Im zweiten Quartal senkte die Hardware GmbH den Preis auf 29,50 €. Dies führte zu einer Absatzsteigerung auf 550 Stück.

a) Ermitteln und skizzieren Sie die Preis-Absatz-Funktion (Annahme: lineare PAF).
b) Wie verändert sich der absolute Absatz bei einer Preiserhöhung um eine Einheit?
c) Berechnen Sie die Preiselastizität des Absatzes bei den Preisen p = 25 €, p = 29,50 €, p = 38 €, p = 40 € und p = 50 €.

Lösung:

a)

Ermittlung der Preis-Absatz-Funktion (PAF) per Einsetzungsverfahren:

$x(p) = a - b * p$

I.
$380 = a - 38 * b$ | $+ 38b$
$380 + 38b = a$

II.
$550 = a - 29{,}5 * b$ | a in II. einsetzen
$550 = 380 + 38b - 29{,}5b$ | $- 380$
$170 = 8{,}5b$ | $: 8{,}5$
$20 = b$

b in I. (alternativ in II.) einsetzen und nach a umstellen:

$380 = a - 38 * 20$
$380 = a - 760$ | $+ 760$
$1140 = a$

Ergebnis: $x(p) = 1.140 - 20 * p$

---

[16] In Anl. an Homburg (2017), S. 166.

Abbildung 7.1   Preis-Absatz-Funktion

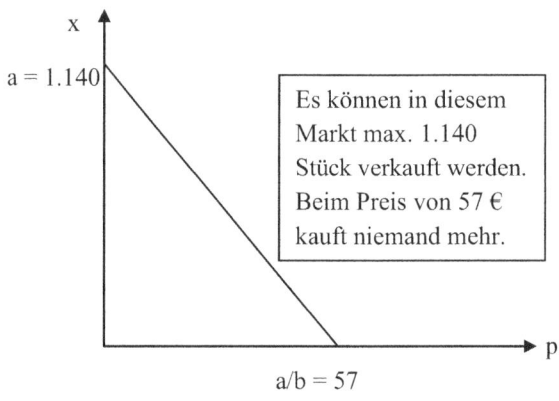

b)

Lineare PAF: Konstanter Grenzabsatz, d. h., der Absatz sinkt bei einer Preiserhöhung um eine Einheit stets um b Einheiten:

b = −20

Die Absatzänderung kann leicht durch das Einsetzen von verschiedenen Preisen (p) in die PAF oder durch Bildung der ersten Ableitung ermittelt werden:

x (p) = 1.140 − 20 * p

→   bei p = 30 ist x = 540

→   bei p = 31 ist x = 520   [−20]

bzw.

x' (p) = -20

c)

Berechnen Sie die Preiselastizität des Absatzes bei den Preisen p = 25 €, p = 29,5 €, p = 38 €, p = 40 € und p = 50 €.

Variante 1:

Preiselastizität $\varepsilon\ (p_2) = \dfrac{\frac{x_1 - x_2}{x_2}}{\frac{p_1 - p_2}{p_2}} = \dfrac{\text{Nachfrageänderung (in \%)}}{\text{Preisänderung (in \%)}}$

Variante 2:

$\varepsilon(p) = \frac{\frac{dx(p)}{x}}{\frac{dp}{p}} = \frac{dx(p)}{dp} * \frac{p}{x}$

$\frac{dx(p)}{dp} = -20$ (erste Ableitung)

$\varepsilon = -20 \frac{p}{1.140 - 20p}$

Berechnung der Elastizität bei einem Preis von 25 €

Variante 1:

Nachfrageänderung (in %) = (540 – 640) / 640 = - 0,15625

Preisänderung (in %) = (30 – 25) / 25 = 0,2

$\varepsilon(25)$ = - 0,15625 / 0,2 = - 0,78

Variante 2:

$\varepsilon(25) = -20 \frac{25}{1.140 - 20 * 25} = -0,78$ (> -1, unelastisch)

Bei einem Preis von 25 € herrscht eine unelastische Nachfrage, d. h., es kommt zu keiner bzw. nur zu einer relativ geringen Veränderung der Nachfrage.

$\varepsilon(29,5) = -1,07$ (< -1, elastisch)

Bei einem Preis von 29,50 € herrscht eine elastische Nachfrage, d. h,. es kommt zu einer relativ starken Veränderung der Nachfrage.

$\varepsilon(38) = -2$ (elastisch)

$\varepsilon(40) = -2,35$ (elastisch)

$\varepsilon(50) = -7,14$ (elastisch)

Aufgabe 2: Beurteilung geplanter Preissenkungen

Sie arbeiten in der Marktforschungsabteilung eines Unternehmens in der Kosmetikindustrie. Im letzten Quartal verzeichnete das Unternehmen einen erheblichen Absatzrückgang im Produktbereich „Rasierwasser". Das Unternehmen verkaufte sein Standard-Rasierwasser zum Preis von 20 € bei einer Absatzmenge von 25.000 Stück pro Monat. Da der Wettbewerb seine Preise in diesem Zeitraum nicht veränderte, erwägen Sie, den Preis des Standard-Rasierwassers zu senken. Ihre Assistenz hat die Preiselastizität der Nachfrage ermittelt und Ihnen mitgeteilt, dass diese bei -2 liegt. Beurteilen Sie die geplante Preissenkung, wobei der Preis um 3 € gesenkt werden soll. Die variablen Kosten betragen 10 € pro Stück. Die sonstigen zu tragenden Kosten sollen sich pro Monat auf 120.000 € belaufen und ein Gewinn von 25 % des Umsatzes soll erreicht werden.

Ist die geplante Preissenkung zu empfehlen?

Lösung:

$\varepsilon = -2$ (i. d. R. ist beim Elastizitätskoeffizienten ein negatives Vorzeichen zu beobachten)

Zunächst Q2 (neue Absatzmenge) berechnen:

$$\varepsilon = \frac{(Q1 - Q2) / Q1}{(P1 - P2) / P1} \quad \rightarrow -2 = \frac{(25.000 - Q2) / 25.000}{(20 - 17) / 20}$$

$$-2 = \frac{(25.000 - Q2) / 25.000}{0{,}15} \quad | * 0{,}15$$

$$-0{,}3 = \frac{(50.000 - Q2)}{25.000} \quad | * 25.000$$

$-7.500 = 25.000 - Q2$

$Q2 = 32.500$

Ausgangslage:

Preis	20,00 €
Absatz	25.000
Umsatz	500.000 €
K$_v$	250.000 €
K$_f$	120.000 €
Gewinn	130.000 €

(entspricht 26 % vom Umsatz)

Nach Preissenkung:

Preis	17,00 €
Absatz	32.500
Umsatz	552.500 €
K$_v$	325.000 €
K$_f$	120.000 €
Gewinn	107.500 €

(entspricht 19,5 % vom Umsatz)

Von der Preissenkung ist dem Unternehmen abzuraten! Der Gewinn würde sowohl absolut als auch relativ sinken und die bisherige Umsatzrendite (26 %) unterschritten. Zudem würde das Gewinnziel (25 % des Umsatzes) nach der Preissenkung nicht erreicht.

Aufgabe 3: Preispolitische Entscheidungen zur Maximierung des Deckungsbeitrages[17]

Das Reiseunternehmen „Ride On" bietet eine Busreise von Hannover nach Paris mit dreitägigem Aufenthalt an. Der Bus hat maximal Platz für 55 Personen. Die für Pricing zuständige Abteilung von „Ride On" schätzt, dass bei einem Ticketpreis von 600 € genau 25 Personen an der Reise teilnehmen. Bei jeder Verringerung des Ticketpreises um 100 € nehmen zehn Reisende zusätzlich an der Busreise teil. Entsprechend werden bei einem Ticketpreis von 300 € genau 55 Reisende teilnehmen. Es fallen variable Kosten in Höhe von 50 € pro Person an.

a) Bestimmen Sie die Umsatzfunktion und die Deckungsbeitragsfunktion des Unternehmens „Ride On" für das beschriebene Reiseangebot.

b) Bestimmen Sie rechnerisch die preisoptimale Menge und den optimalen Ticketpreis für die angebotene Reise.

c) Berechnen Sie den maximalen Deckungsbeitrag.

Lösung:

a)

Bestimmung der Nachfragefunktion (Preisabsatzfunktion)

Lineare Nachfragefunktion: $p(x) = ax + b$

1. $600 = a * 25 + b$
2. $300 = a * 55 + b$

Nach a und b auflösen und einsetzen ergibt: $a = -10$ und $b = 850$

d. h. $p(x) = -10x + 850$

Bestimmung der Umsatzfunktion

$U(x) = p(x) * x$

d. h. $U(x) = -10x^2 + 850x$

Bestimmung der Deckungsbeitragsfunktion

$DB(x) = U(x) -$ variable Kosten

$DB(x) = -10x^2 + 850x - 50x$

$DB(x) = -10x^2 + 800x$

---

[17] In Anl. an Michel/Buntschu/Oberholzer Michel (2018), S. 272.

b)

Bildung der 1. Ableitung und Bestimmung des Maximums

DB`(x) = −20x + 800

DB`(x) = 0

−20 x + 800 = 0

x = 40

Das heißt, 40 Passagiere sind die (preis-)optimale Menge.

Optimale Menge in die Nachfragefunktion (Preisabsatzfunktion) zur Bestimmung des optimalen Ticketpreises einsetzen:

p(40) = −10 * 40 + 850

p(40) = 450

Der optimale Ticketpreis liegt bei 450 €!

c)

Berechnung des maximalen Deckungsbeitrages

DB = x * (p − var. Kosten)

DB = 40 * (450 − 50)

   = 16.000

Der maximale Deckungsbeitrag liegt bei 16.000 €!

Aufgabe 4: Preiselastizität und umsatzmaximaler Preis

Sie sind Werkstudent in einem portugiesischen Feinkostgeschäft. Auf Wunsch Ihrer Chefin haben Sie eine Absatzfunktion für das Produkt „Olivenöl" aus vergangenen Daten ermittelt: x(p) = 40 − 4p. Da der Einkaufspreis gestiegen ist, überlegt Ihre Chefin, den Preis auf 8,50 € zu erhöhen.

a) Berechnen Sie die Preiselastizität an der Stelle p = 8,5. Wie deuten Sie das Ergebnis?

b) Wo liegt der umsatzmaximale Preis? Aus welchem Lösungsweg ergibt sich Ihre Antwort?

Lösung:

a)

$x(p) = 40 - 4p \quad p = 8,5$

$\frac{dx}{dp} = -4$

$\varepsilon = \frac{dx(p)}{dp} * \frac{p}{x} \Leftrightarrow \varepsilon = -4 * \frac{8,5}{40 - 34} = -5,67$

Bei einem Preis von 8,50 € herrscht eine elastische Nachfrage, d. h., es kommt zu einer relativ starken Veränderung der Nachfrage.

b)

$U'(p) = 0 \quad U(p) = x(p)*p \quad U(p) = (40 - 4p)p \;\rightarrow\; U'(p) = 40 - 8p \;\rightarrow p = 5$

Das Olivenöl sollte für 5 € verkauft werden.

Aufgabe 5: Umsatzmaximale Preismengenkombinationen in verschiedenen Wirtschaftssituationen[18]

Die „HandsClean GmbH" stellt als einziges Produkt Desinfektionsspender her. Sie hat in Bosnien und Herzegowina ein eigenständiges Zweigwerk aufgebaut, um von hier aus die Staaten Südosteuropas mit Desinfektionsspendern zu beliefern. Da sich das Unternehmen noch in der Aufbauphase befindet, wurde als oberstes Ziel die Maximierung des Umsatzes festgelegt. Sowohl die absetzbare Menge als auch der Umsatz hängen in dieser Phase noch ausschließlich vom Preis ab. Dem Marketingleiter stehen drei Preisalternativen zur Verfügung: p_1 = 10,00 €, p_2 = 8,50 € oder p_3 = 7,50 €. Er überlegt, welche dieser Preisalternativen er festsetzen soll. Einerseits ist zwar der Preis das einzige Steuerungsinstrument, andererseits ist zum Planungszeitpunkt noch nicht bekannt, welche gesamtwirtschaftliche Situation im nächsten Jahr eintreten wird. Die Kenntnis über die Entwicklung der Wirtschaftslage ist jedoch für die Festsetzung des Preises bedeutsam, da die Marktforschungsabteilung in Abhängigkeit von der Wirtschaftslage unterschiedliche funktionale Zusammenhänge zwischen dem Preis p und der abgesetzten Menge x ermittelt hat:

- Aufschwung: $p(x) = 20 - 0,00004x$
- Normale Entwicklung: $p(x) = 17 - 0,00004x$
- Rezession: $p(x) = 15 - 0,00004x$

---

[18] In Anl. an Meffert/Burmann/Kirchgeorg (2009), S. 45f.

a) Berechnen Sie die umsatzmaximalen Preismengenkombinationen und die maximalen Umsätze für die verschiedenen Wirtschaftssituationen.

b) Der Marketingleiter erhält die neuesten Wirtschaftsprognosen. Diese gehen von einer Wahrscheinlichkeit von 60 % für das Szenario Aufschwung, 20 % für das Szenario normale Entwicklung und 20 % für das Szenario Rezession aus. Welchen Preis wird der Marketingleiter vor dem Hintergrund der Zielsetzung Umsatzoptimierung nun wählen?

Lösung:

a)

Berechnung der umsatzmaximalen Preismengenkombinationen und der maximalen Umsätze für die verschiedenen Wirtschaftssituationen:

Aufschwung:

$p(x) = 20 - 0{,}00004x$

$U(x) = p(x) * x$

$\Leftrightarrow U(x) = (20 - 0{,}00004x) * x = 20x - 0{,}00004x^2 \to max$

$U`(x) = 0$

$20 - 0{,}00008x = 0$

$x = \dfrac{20}{0{,}00008}$

$x = 250.000$

$p_{opt} = 20 - 0{,}00004 * 250.000 = 10$

$U_{max} = p(x)_{opt} * x_{opt} = 10 * 250.000 = 2.500.000$

Das Umsatzmaximum von 2.500.000 € wird bei $p_{opt} = 10{,}00$ € erreicht.

Normale Entwicklung:

$U(x) = (17 - 0{,}00004x) * x = 17x - 0{,}00004x^2 \to max$
$U`(x) = 0$

$17 - 0{,}00008x = 0$

$x = \dfrac{17}{0{,}00008}$

$x = 212.500$

$p_{opt} = 17 - 0{,}00004 * 212.500 = 8{,}5$

$U_{max} = p_{opt} * x_{opt} = 8{,}50 * 212.500 = 1.806.250$

Das Umsatzmaximum von 1.806.250 € wird bei $p_{opt} = 8{,}50$ € erreicht.

Rezession:

$U(x) = (15 - 0{,}00004x) * x = 15x - 0{,}00004x^2 \to \max$

$U'(x) = 0$

$15 - 0{,}00008x = 0$

$x = \frac{15}{0{,}00008}$

$x = 187.500$

$p_{opt} = 15 - 0{,}00004 * 187.500 = 7{,}5$
$U_{max} = p_{opt} * x_{opt} = 7{,}5 * 187.500 = 1.406.250$

Das Umsatzmaximum von 1.406.250 € wird bei $p_{opt} = 7{,}50$ € erreicht.

b)

Wenn der Marketingleiter von einer Wahrscheinlichkeit von 60 % für das Szenario Aufschwung, 20 % für das Szenario normale Entwicklung und 20 % für das Szenario Rezession ausgeht, stellt sich die Entscheidungsmatrix wie folgt dar:

Preis	Aufschwung	Normal	Rezession	Erwartungswert
		Wahrscheinlichkeiten		
	0,60	0,20	0,20	
10	2.500.000	1.750.000	1.250.000	2.100.000
8,50	2.443.750	1.806.250	1.381.250	2.103.750
7,50	2.343.750	1.781.250	1.406.250	2.043.750

Der Marketingleiter wird sich für den Preis von 8,50 € entscheiden.

Aufgabe 6: Die Wirkung von Rabatten

Die „Retail AG" ist ein Unternehmen des Lebensmitteleinzelhandels, das seinen Kunden mit Beginn des kommenden Jahres einen neuen Lieferdienst anbietet. Damit viele Kunden diesen Lieferdienst ausprobieren, gewährt die „Retail AG" innerhalb der ersten sechs Monate einen Rabatt von 30 % auf die Lieferkosten. Die durchschnittlichen Kosten einer Lieferung betragen 4,50 €. Im ersten Monat nutzen 750 Kunden den neuen Lieferdienst; der durchschnittliche Umsatz der gekauften Lebensmittel beläuft sich auf 23 € und der Einkaufswert der verkauften Lebensmittel beträgt 11 €. Lieferfixe Kosten können vernachlässigt werden, da die für die Lieferungen eingesetzten Transporter bereits für andere Aufgaben im Einsatz sind.

a) Welche Art Rabatt gewährt die „Retail AG" ihren Kunden?
b) Wie hoch ist der auf den Lieferdienst entfallende Gewinn?
c) Wie beurteilen Sie die Rabattstrategie der „Retail AG"?

Lösung:

a)

Die „Retail AG" gewährt einen Einführungsrabatt, der der Gruppe der Zeitrabatte zuzuordnen ist (tiefergehend in Walsh/Deseniss/Kilian (2020), S. 357f.).

b)

Der Gewinn beträgt 450 €.

G = U – K

U = 750 * 23 = 17250

$K_{var(Lieferung)}$ = 750 * 4,5 = 3375

$K_{var(Waren)}$ = 750 * 11 = 8250

$K_{var(Rabatt)}$ = 17250 * 30 % = 5175

G = 17250 – 3375 – 8250 – 5175 = 450 €

c)

Der Gewinn fällt mit 450 € sehr moderat aus. Der gewährte Einführungsrabatt von 30 % ist vergleichsweise hoch. Möglicherweise kann mit einem niedrigeren Rabatt (z. B. 20 %) eine ähnlich hohe Kundenzahl zum Ausprobieren des Lieferdienstes bewegt werden, wodurch der Gewinn gesteigert würde.

8 Vertriebspolitik

Aufgabe 1: Kostenvergleich unterschiedlicher Vertriebswege[19]

Die Verkaufsleiterin eines Unternehmens möchte entscheiden, ob es sich für das Unternehmen weiterhin lohnt, selbstständige Handelsvertreter einzusetzen, oder ob stattdessen eigene Reisende angestellt werden sollten. Als Grundlage dienen folgende Werte:

Handelsvertreter: Entlohnung erfolgt ausschließlich über verkaufsmengenabhängige Vergütung von 464 € pro Stück; Fahrtkostenbeteiligung der Firma mit 19.000 € pro Jahr; 5.000 € Fixkosten für Telefonkosten etc.

Reisender: Jahresbruttogehalt von 75.000 €; Personalnebenkosten von 27.000 €; Fahrzeugkosten von 38.000 €

Ab welcher Verkaufsmenge lohnt es sich für das Unternehmen, einen Reisenden statt eines Vertreters zu beschäftigen? Lösen Sie das Problem analytisch und grafisch.

Lösung:

Kostenvergleichsmethode:

Annahme: Entscheidung ist erlösneutral

K_R = Kosten Reisender = 75.000 + 27.000 + 38.000 = 140.000
K_V = Kosten Vertreter = 19.000 + 5.000 + 464 x
f_R = Fixum Reisender = 140.000
q = umsatzabhängige Provision   (= variable Kosten)
f_V = Fixum Vertreter = 24.000
x = Verkaufsmenge

1. $K_R = f_R + q_R x \, (= f_R + 0)$

2. $K_V = f_V + q_V x$

kritische Verkaufsmenge: (M_K),

wo (1) = (2)

$f_R + q_R x = f_V + q_V x$

$q_R x - q_V x = f_V - f_R$

$M_K = x = \dfrac{f_V - f_R}{q_V - q_R} = \dfrac{140.000 - 24.000}{464 - 0} = 250$

---

[19] In Anl. an Meffert/Burmann/Kirchgeorg (2013), S. 204.

Abbildung 8.1 Ab welcher Verkaufsmenge lohnt es sich für das Unternehmen, einen Reisenden statt eines Vertreters zu beschäftigen?

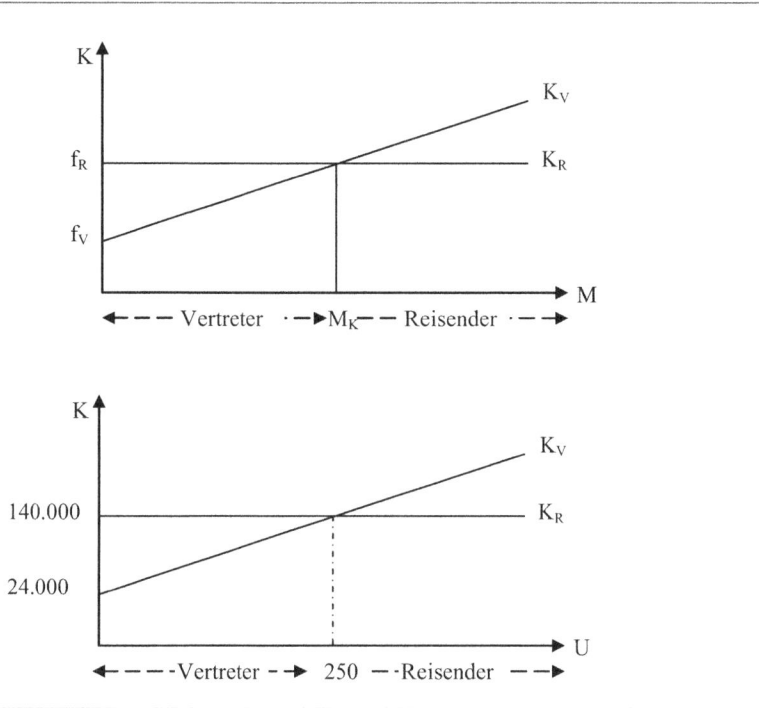

Aufgabe 2: Entscheidungen zur Vertriebsorganisation

Frau W. ist die internationale Verkaufsleiterin der Firma „Happy-Lawn", eines chinesischen Herstellers von Rasenmähern. „Happy-Lawn" versucht derzeit, auf dem deutschen Markt Fuß zu fassen, und beauftragt Frau W. daher, die nötige Verkaufsorganisation aufzubauen. Frau W. gelingt es, ein Kooperationsprojekt mit einem deutschen Händler abzuschließen. Im Rahmen der Detailplanungen für die Verkaufsorganisation im deutschen Markt möchte Frau W. die Zahl der notwendigen Außendienstmitarbeiter bestimmen. Dabei ist allerdings zu berücksichtigen, dass die erforderliche Besuchshäufigkeit eines Handelsbetriebs vom Absatzvolumen des jeweiligen Betriebs abhängig ist.

Eine ABC-Analyse führte zu folgender Einteilung der insgesamt 835 Handelsbetriebe:

Handelsbetriebstyp	Anzahl der Betriebe	Jährliche Besuche je Betrieb
A-Händler (> 350 Verkäufe pro Monat)	35	30
B-Händler (150-350 Verkäufe pro Monat)	150	20
C-Händler (< 150 Verkäufe pro Monat)	650	10

Zur Ermittlung der Zahl an Außendienstmitarbeitern geht Frau W. davon aus, dass jeder Verkäufer durchschnittlich vier Besuche pro Tag durchführen kann. Weiterhin kalkuliert Frau W. mit 190 Besuchstagen pro Mitarbeiter in einem Jahr. Insgesamt kostet ein Außendienstmitarbeiter durchschnittlich 120.000 € im Jahr. Diese Kosten setzen sich aus 40.000 € Reisekosten und 80.000 € Vergütung zusammen.

a) Ermitteln Sie die Anzahl der zum Aufbau der Verkaufsorganisation im deutschen Markt erforderlichen Außendienstmitarbeiter für „Happy-Lawn". Welche Prämissen liegen Ihrer Berechnung zugrunde?

b) Frau W. erscheinen die Kosten für die Außendienstmitarbeiter sehr hoch. Insbesondere die Reisekosten von 40.000 € sind ihrer Ansicht nach durch die Zusammenfassung der Außendienstmitarbeiter in drei Verkaufsbezirke (Nord, Mitte, Süd) zu reduzieren. Frau W. geht davon aus, dass sich so die Reisekosten je Außendienstmitarbeiter um ein Viertel reduzieren. Die Handelsbetriebe werden dabei wie folgt in die Bezirke aufgeteilt:

	Bezirk Nord	Bezirk Mitte	Bezirk Süd
A-Händler	5	10	20
B-Händler	40	60	50
C-Händler	100	350	200

1. Wie viele Außendienstmitarbeiter werden unter diesen Voraussetzungen für den Aufbau der Verkaufsorganisation benötigt?
2. Ist die Neuaufteilung der Verkaufsbezirke unter Kostengesichtspunkten sinnvoll?

Lösung:

a)

Bei vier Besuchen pro Tag und 190 Besuchstagen im Jahr kann jeder ADM jährlich 760 Besuche durchführen.

In den Handelsbetrieben sind insgesamt folgende Besuche vorzunehmen:

A-Händler: 35 Betriebe * 30 Besuche je Betrieb = 1.050 Besuche im Jahr
B-Händler: 150 Betriebe * 20 Besuche je Betrieb = 3.000 Besuche im Jahr
C-Händler: 650 Betriebe * 10 Besuche je Betrieb = 6.500 Besuche im Jahr
$\sum$ 10.550 Besuche im Jahr

Damit ergibt sich die Anzahl der notwendigen Außendienstmitarbeiter wie folgt:

$\frac{10.550}{760} = 13,9 \approx 14$ Außendienstmitarbeiter

Der auf dem sog. Arbeitslastverfahren beruhenden Berechnung liegen u. a. die folgenden vereinfachenden Prämissen zugrunde:

- Gleiche Dauer jedes Besuches
- Durchschnittliche Betrachtung der zurückzulegenden Reisestrecke zwischen den Handelsbetrieben
- Keine Zusammenfassung der ADM in Verkaufsbezirke
- Besuche eines Handelsbetriebs durch unterschiedliche ADM sind nicht ausgeschlossen
- Berücksichtigung ökonomischer Daten fehlt

b)
1. In den drei Bezirken sind folgende Besuche vorzunehmen:

    Notwendige Besuche Bezirk Nord: 5 * 30 + 40 * 20 + 100 * 10 = 1.950

    Notwendige Besuche Bezirk Mitte: 10 * 30 + 60 * 20 + 350 * 10 = 5.000

    Notwendige Besuche Bezirk Süd: 20 * 30 + 50 * 20 + 200 * 10 = 3.600

    Die Anzahl der in den drei Bezirken erforderlichen Außendienstmitarbeiter lässt sich dann wie folgt bestimmen:

    Erforderliche Außendienstmitarbeiter Bezirk Nord: $\frac{1.950}{760} = 2,6 \approx 3$

    Erforderliche Außendienstmitarbeiter Bezirk Mitte: $\frac{5.000}{760} = 6,6 \approx 7$

    Erforderliche Außendienstmitarbeiter Bezirk Süd: $\frac{3.600}{760} = 4,7 \approx 5$

2. Nach der Bildung von drei Verkaufsbezirken werden damit insgesamt 15 Außendienstmitarbeiter für die Verkaufsorganisation im deutschen Markt benötigt.

    Der Kostenvergleich ergibt sich wie folgt:

    Variante 1: keine Aufteilung in Verkaufsbezirke: 14 * 120.000 = 1.680.000

    Variante 2: Aufteilung in Verkaufsbezirke:

    $15 * 80.000 + 15 * \frac{3}{4} * 40.000 = 1.650.000$

Unter Kostengesichtspunkten ist somit eine Aufteilung in Verkaufsbezirke sinnvoll. Zwar benötigt „Happy-Lawn" einen Außendienstmitarbeiter mehr, dieser Nachteil wird aber durch die Verminderung der Reisekosten um ein Drittel überkompensiert.

Aufgabe 3: Kostenbasierte Entscheidung zur Wahl des Transportmittels[20]

Der Produzent des Energy-Drinks „Raging Boar" hat einen niederländischen Großabnehmer für sein Produkt gefunden. Das Produkt wird auf Paletten mit jeweils 99 Trays (24 Dosen pro Tray) an den Kunden geliefert. Aktuell werden die Kunden des Getränkeherstellers mit einem unternehmenseigenen Lkw beliefert. Die Fixkosten des Lkws betragen 2.500 €. Es besteht ebenfalls die Möglichkeit, auf die Bahn auszuweichen oder eine Spedition zu beauftragen.

Bei Lieferung über die Bahn fällt neben einer Grundpauschale von 900 € ein Kostensatz von 4 € pro Palette an. Übersteigt das Auftragsvolumen 80 Paletten, erhöht sich die Grundpauschale um 80 €, die Transportkosten pro Palette werden allerdings um 25% reduziert. Der Grundpreis bei Lieferung über die Spedition beträgt 500 € pro Auftrag und 7,20 € pro Palette. Die variablen Kosten beim Transport mit dem eigenen Lkw betragen 19 €.

a) Der Absatz in die Niederlande ist monatlichen Schwankungen unterworfen. Aus diesem Grund soll das jeweils kostenminimale Transportmittel für unterschiedliche Transportmengen ermittelt werden. Lösen Sie das Problem analytisch und grafisch.

b) Beurteilen Sie den unter a) vorgestellten Verfahrensvergleich kritisch.

Lösung:

a)

Zur Ermittlung des kostenminimalen Transportmittels sind zunächst die relevanten Kostenfunktionen aufzustellen:

Kostenfunktion Bahn:

1. $K(x)_B = 900 + 4x$ $0 < x \leq 80$
2. $K(x)_B = 980 + 3x$ $x > 80$

Kostenfunktion Spedition:

$K(x)_S = 500 + 7{,}2x$

Kostenfunktion eigener Lkw:

$K(x)_L = 19x$

---

[20] In Anl. an Meffert/Burmann/Kirchgeorg (2013), S. 205.

Keine Berücksichtigung finden die Fixkosten für den eigenen Lkw (2.500 €), da diese unabhängig von der Wahl des Transportmittels entstehen.

Vergleich der drei Transportmittel im Hinblick auf ihre Kosten:

Kostenvergleich Lkw vs. Spedition:

$19x_a = 500 + 7{,}2x_a$
$x_a = 42{,}37$

Erst bei mehr als 42 Paletten ist die Spedition kostengünstiger als der eigene Lkw. Grund ist die Höhe der Grundvergütung.

Kostenvergleich Spedition vs. Bahn:

$500 + 7{,}2x_b = 900 + 4x_b$
$x_b = 125$

Ab einer Transportmenge von 80 Paletten gilt für die Bahn eine andere Kostenfunktion:

$500 + 7{,}2x_b = 980 + 3x_b$
$x_b = 114{,}28$

Erst bei mehr als 114 Paletten ist die Bahn kostengünstiger als die Spedition. Grund ist die höhere Grundvergütung.

Kostenvergleich Bahn vs. Lkw:

$900 + 4x_c = 19x_c$
$x_c = 60$

Erst bei mehr als 60 Paletten ist die Bahn kostengünstiger als der eigene Lkw. Grund ist die Grundpauschale.

Aus diesen Berechnungen ergeben sich folgende Einsatzbereiche der drei Transportmittel:

- eigener Lkw $0 < x \leq 42$
- Spedition $43 < x \leq 114$
- Bahn $115 \geq x$

Grafische Lösung:

Nachdem die Kostenfunktionen der einzelnen Transportmittel eingezeichnet worden sind, kann die jeweils kostenminimale Lösung abgetragen werden. Die geknickte Kurve für das Transportmittel Bahn resultiert aus der in zwei Intervallen unterschiedlich definierten Kostenfunktion (siehe oben).

Abbildung 8.2 Kostenminimale Transportmittel für alternative Transportmengen

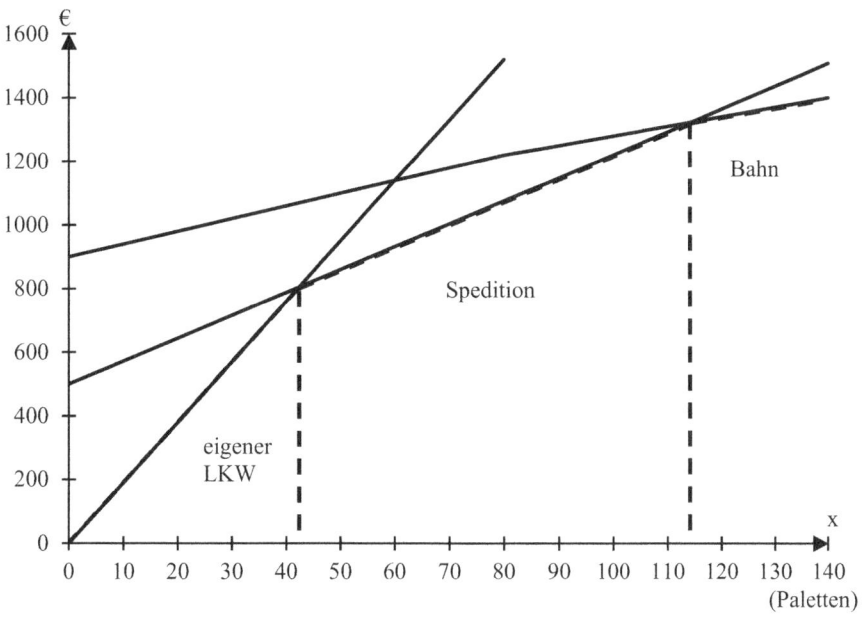

b)

Der Kostenvergleich wurde ausschließlich auf Grundlage von quantitativen Daten durchgeführt. Die einzelnen Transportmittel sind jedoch in ihrer Transportleistung nicht homogen. Die Analyse sollte daher um folgende qualitative Kriterien erweitert werden:

- Beschaffenheit der zu transportierenden Produkte. Aufgrund von Größe, Sperrigkeit, Verderblichkeit oder anderen Besonderheiten kommen für manche Produkte bestimmte Transportmittel nicht in Frage.

- Imagewirkung der gewählten Logistikalternative (sollte eine Bio-Supermarktkette bspw. den schienen- statt des straßenbasierten Warentransports wählen?).

- Lieferverlässlichkeit und Schnelligkeit. Wenn vordergründig günstige Transportmittel weniger zuverlässig sind, können dem Auftraggeber dadurch indirekt höhere Kosten entstehen (bspw. aufgrund von Pönalen[21], wenn für die Fertigung benötigte Rohstoffe aufgrund von Lieferverspätungen eigene Auslieferungszusagen nicht eingehalten werden können).

---

[21] Pönale: Vertragsstrafe, Konventionalstrafe

- Fristigkeit von Verträgen. Falls Bahn, Lkw-Spedition oder sonstige Logistiker nur langfristige Verträge abschließen, ist eine flexible Anpassung an unterschiedliche Transportmengen nicht möglich.
- Nachhaltigkeit. Bahn und Spedition haben einen unterschiedlichen CO_2-Verbrauch, abhängig von Strecke und Anbindung.
- Kontrollmöglichkeit ist bei fremden Transportorganen eingeschränkt.

Aufgabe 4: Gewinnoptimale Vertriebsstrategie

Die Mars GmbH möchte ihren neuen Schokoriegel in Supermärkten (S), Kinos (K) und Tankstellen (T) vertreiben. In dem Absatzgebiet der Mars GmbH gibt es 3.600 Supermärkte, 160 Kinos und 600 Tankstellen. Je Supermarkt kann die Mars GmbH 7.000 Schokoriegel, je Kino 2.000 Schokoriegel und je Tankstelle 4.000 Schokoriegel absetzen.

Bei einem Verkaufspreis von 0,99 € pro Riegel und einem festgelegten Werbebudget von 100.000 € pro Jahr wird ein Deckungsbeitrag vor Berücksichtigung der Vertriebskosten von 0,50 € pro Riegel erzielt. Als Marketingleiter der Mars GmbH sind Ihnen zudem folgende funktionale Zusammenhänge zwischen abgesetzter Menge und Kosten je Vertriebskanal bekannt:

$K_S = 800.000 + 2x_S^2$

$K_K = 38.000 + 5x_K^2$

$K_T = 65.000 + 8x_T^2$

a) Welchen Gesamtgewinn kann die Mars GmbH maximal erwarten? Berechnen Sie zunächst die optimale Anzahl der zu beliefernden Letztverkaufsstellen.

b) Berechnen Sie die Distributionsquoten für die einzelnen Vertriebskanäle.

Lösung:

a)

1. Berechnung der optimalen Anzahl der zu beliefernden Letztverkaufsstellen:

$G_i = E_i - K_i$
→ $G_S = 0,5 * 7.000\ x_S - (800.000 + 2x_S^2)$
→ $G_K = 0,5 * 2.000\ x_K - (38.000 + 5x_K^2)$
→ $G_T = 0,5 * 4.000\ x_T - (65.000 + 8x_T^2)$

Durch Ableiten nach x ergeben sich die Bedingungen für die Optima:

$\frac{dG_S}{dx_S} = 3.500 - 4x_S \stackrel{!}{=} 0$ → $x_A = 875$

$\frac{dG_K}{dx_K} = 1.000 - 10x_K \stackrel{!}{=} 0 \rightarrow x_K = 100$

$\frac{dG_T}{dx_T} = 2.000 - 16x_R \stackrel{!}{=} 0 \rightarrow x_T = 125$

2. Berechnung des Gesamtgewinns der Mars GmbH:

G* = 0,5 * 7.000 * 875 – 800.000 – 2 * 875² + 0,5 * 2.000 * 100 – 38.000 – 5 * 100² + 0,5 * 4.000 * 125 – 65.000 – 8 * 125² – 100.000

G* = 731.250 + 12.000 + 60.000 – 100.000

G* = 703.250

b)

Berechnung der Distributionsquoten:

Distributionsquote in Segment i:

$$DQ_i = \frac{\text{Anzahl an Letztverkaufsstellen, welche die Marke führen}}{\text{Anzahl an potenziellen Letztverkaufsstellen}}$$

→ $DQ_S = \frac{875}{3600} = 0,243$

→ $DQ_K = \frac{100}{160} = 0,625$

→ $DQ_T = \frac{125}{600} = 0,208$

Aufgabe 5: Berechnung des Gewinns für unterschiedliche Vertriebsregionen

Sie sind Marketingleiterin der Bitbrauer OG, die drei verschiedene Premium-Biere in Nord- und Süddeutschland vertreibt. Von der Controlling-Abteilung haben Sie die folgenden Umsatzzahlen für die beiden Vertriebsregionen erhalten:

	Weizen	Pils	Alkoholfrei
Umsatz Vertriebsregion Süddeutschland	87.500 €	198.000 €	47.500 €
Umsatz Vertriebsregion Norddeutschland	84.000 €	158.000 €	26.000 €

Um bessere Regalplätze im hart umkämpften Lebensmitteleinzelhandel zu erhalten, hat sich die Bitbrauer OG dazu entschieden, allen Händlern zusammen einen Rabatt von 9 % des in der Vertriebsregion mit dem jeweiligen Bier erzielten Umsatzes zu gewähren. Für eine bessere Koordination des Vertriebes an den Handel werden Handelsvertreter eingesetzt. Diese erhalten 4,5 % vom Nettoumsatz als Entgelt. Die variablen Herstellerkosten der Bitbrauer OG betragen 6 % vom Nettoumsatz.

Für eine bessere Vermarktung der Biere hat die Bitbrauer OG diverse Marketingveranstaltungen für jedes der drei Produkte durchgeführt. Die folgende Tabelle zeigt die Vertriebskosten, die dafür entstanden sind:

	Weizen	Pils	Alkoholfrei
Vertriebskosten Süddeutschland	9.800 €	16.600 €	9.100 €
Vertriebskosten Norddeutschland	9.900 €	13.700 €	9.850 €

Für die beiden Vertriebsregionen Nord- und Süddeutschland fallen zudem variable Kosten in Höhe von 76.100 € (Norddeutschland) bzw. 148.600 € (Süddeutschland) an. Für die Bitbrauer OG fallen zusätzliche Fixkosten in Höhe von 43.000 € an, die weder den Vertriebsregionen noch den drei Produkten zugeordnet werden können. Wie hoch ist der Gesamtgewinn der Bitbrauer OG? Ermitteln Sie dazu zunächst die Nettoumsätze sowie die Deckungsbeiträge je Produkt und Vertriebsregion.

Lösung:

1. Berechnung des Nettoumsatzes

	Weizen	Pils	Alkoholfrei
Vertriebsregion Süddeutschland	Rabatt: 87.500 € * 9 % = 7.875 €	Rabatt: 198.000 € * 9 % = 17.820 €	Rabatt: 47.500 € * 9 % = 4.275 €
	Nettoumsatz: 87.500 € - 7.875 € = 79.625 €	Nettoumsatz: 198.000 € - 17.820 € = 180.180 €	Nettoumsatz: 47.500 € - 4.275 € = 43.225 €
Vertriebsregion Norddeutschland	Rabatt: 84.000 € * 9 % = 7.560 €	Rabatt: 158.000 € * 9 % = 14.220 €	Rabatt: 26.000 € * 9 % = 2.340 €
	Nettoumsatz: 84.000 € - 7.560 € = 76.440 €	Nettoumsatz: 158.000 € - 14.220 € = 143.780 €	Nettoumsatz: 26.000 € - 2.340 € = 23.660 €

Vertriebspolitik

2. Berechnung des Deckungsbeitrages

	Weizen	Pils	Alkoholfrei
Vertriebsregion Süddeutschland	Kosten Handelsvertreter und variable Herstellerkosten: 79.625 € * 10,5 % = 8.360,62 €	Kosten Handelsvertreter und variable Herstellerkosten: 180.180 € * 10,5 % = 18.918,90 €	Kosten Handelsvertreter und variable Herstellerkosten: 43.225 € * 10,5 % = 4.538,62 €
	Vertriebskosten: 9.800 €	Vertriebskosten: 16.600 €	Vertriebskosten: 9.100 €
	Zwischenergebnis Deckungsbeitrag: 79.625 € - 8360,62 € - 9.800 € = 61.464,38 €	Zwischenergebnis Deckungsbeitrag: 180.180 € - 18.918,90 € - 16.600 € = 144.661,10 €	Zwischenergebnis Deckungsbeitrag: 43.225 € - 4.538,62 € - 9.100 € = 29.586,38 €
Vertriebsregion Norddeutschland	Kosten Handelsvertreter und variable Herstellerkosten: 76.440 € * 10,5 % = 8.026,20 €	Kosten Handelsvertreter und variable Herstellerkosten: 143.780 € * 10,5 % = 15.096,90 €	Kosten Handelsvertreter und variable Herstellerkosten: 23.660 € * 10,5 % = 2.484,30 €
	Vertriebskosten: 9.900 €	Vertriebskosten: 13.700 €	Vertriebskosten: 9.850 €
	Zwischenergebnis Deckungsbeitrag: 76.440 € - 8026,20 € - 9.900 € = 58.513,80 €	Zwischenergebnis Deckungsbeitrag: 143.780 € - 15.096,90 € - 13.700 € = 114.983,10 €	Zwischenergebnis Deckungsbeitrag: 23.660 € - 2.484,30 € - 9.850 € = 11.325,70 €

Süddeutschland:

Variable Kosten Vertriebszentrale:
148.600 €

Ergebnis Deckungsbeitrag:
(61.464,38 € + 144.661,10 € + 29.586,38 €) − 148.600 € = 87.111,86 €

Norddeutschland:

Variable Kosten Vertriebszentrale:
76.100 €

Ergebnis Deckungsbeitrag:
(58.513,80 + 114.983,10 € + 11.325,70 €) – 76.100 € = 108.722,60 €

3. Berechnung des Gesamtgewinns

Gewinn: (87.111,86 € + 108.722,60 €) – 43.000 € = 152.834,46 €

Der Gesamtgewinn der Bitbrauer OG beträgt 152.834,46 €.

Aufgabe 6: Beurteilung vertriebspolitischer Entscheidungen[22]

Der Medizinverlag „D.T.O." weiß, dass im Absatzgebiet Niedersachsen 100 gleichwertige Distributionsstellen (Fachbuchhandlungen) angesiedelt sind. Zurzeit wird das eigene Produkt in 25 Buchhandlungen geführt. Um einer sinkenden Nachfrage entgegenzuwirken, muss das Unternehmen „D.T.O." nun entscheiden, ob die Distributionsdichte vergrößert und/oder das Werbebudget verändert werden soll.

Bei konstantem Preis erwirtschaftet jede zusätzliche Fachbuchhandlung einen Zusatzabsatz von 100 ME (Mengeneinheiten) und jede zusätzlich eingesetzte Werbebudget-Geldeinheit einen Zusatzabsatz von 10 ME. Der Stückdeckungsbeitrag beträgt 0,90 €.

In der Marketingabteilung bei „D.T.O." wird diskutiert, ob eine Erhöhung des Werbebudgets von 100 auf 300 € und/oder eine Vergrößerung der Anzahl der Distributionsstellen um 25 Buchhandlungen umgesetzt werden sollte. Aufgrund der hohen Arbeitslast ist die Vergrößerung der Anzahl der Fachbuchhandlungen nur mit Überstunden der Vertreter möglich. Pro Überstunde fallen zusätzliche Kosten in Höhe von 40 € an. Unklar ist, ob eine oder zwei Überstunden geleistet werden müssen, um eine neue Buchhandlung zu gewinnen. Daher werden auf der Grundlage von Vergangenheitsdaten folgende Eintrittswahrscheinlichkeiten angenommen:

Wahrscheinlichkeit	Zeitaufwand (Gewinnung einer Fachbuchhandlung)
0,3	1 h
0,7	2 h

a) Welche zusätzlichen Absatzmengen kann das Unternehmen „D.T.O." bei den möglichen Handlungsalternativen jeweils erzielen?

---

[22] In Anl. an Helm/Gierl (2005), S. 23f.

b) Welche Handlungsalternative ist „D.T.O." zu empfehlen, wenn der erwartete zusätzliche Gewinn maximiert werden soll?

Lösung:

a)

Ermittlung der zugehörigen zusätzlichen Absatzmengen:

- Handlungsalternative 1: Erhöhung des Werbebudgets von 100 auf 300 €

$$200\ \text{€} * 10\ \frac{\text{ME}}{\text{€}} = 2.000\ \text{ME}$$

- Handlungsalternative 2: Erhöhung der Zahl der Distributionsstellen um 25

    25 Distributionsstellen * 100 ME/ Distributionsstelle = 2.500 ME

- Handlungsalternative 3: Erhöhung des Werbebudgets und der Distributionsstellen

    2.000 ME + 2.500 ME = 4.500 ME

- Handlungsalternative 4: Keine Aktion

    0 ME

b)

	Zeitaufwand 1 Stunde	Zeitaufwand 2 Stunden
Handlungsalternative 1	2.000 * 0,9 - 200 = 1.600	2.000 * 0,9 - 200 = 1.600
Handlungsalternative 2	2.500 * 0,9 - 25 * 40 * 1 = 1.250	2.500 * 0,9 - 25 * 40 * 2 = 250
Handlungsalternative 3	1.600 + 1.250 = 2.850	1.600 + 250 = 1.850

Berechnung der erwarteten zusätzlichen Gewinne:

G (Handlungsalternative 1) = 1.600 * 0,3 + 1.600 * 0,7 = 1.600 €
G (Handlungsalternative 2) = 1.250 * 0,3 + 250 * 0,7 = 550 €
G (Handlungsalternative 3) = 2.850 * 0,3 + 1.850 * 0,7 = 2.150 €

Antwort: „D.T.O." sollte das Werbebudget von 100 auf 300 € sowie die Zahl der Distributionsstellen um 25 Fachbuchhandlungen erhöhen, weil bei dieser Handlungsalternative der erwartete zusätzliche Gewinn maximiert wird.

Aufgabe 7: Nachfrageschwankungen und Lagerkosten

Angenommen, die tatsächliche Nachfrage eines Endkunden nach einer 500-g-Packung Nudeln beträgt 8 Einheiten. Auf Basis dieser Nachfrage bestellt der Einzelhändler nun 10 Einheiten beim Großhändler; 2 zusätzliche Einheiten sollen sicherstellen, dass dem Einzelhändler der Lagerbestand nicht ausgeht. Der Großhändler bestellt dann die doppelte Menge (20

Einheiten) beim Nudelhersteller, damit er über genügend Lagerbestände verfügt und um den rechtzeitigen Versand der Waren an den Einzelhändler zu gewährleisten. Der Hersteller erhält dann die Bestellung und bestellt wiederum bei seinem Vorlieferanten in großen Mengen, 45 Einheiten (bzw. Rohstoffe für 45 Einheiten), um Skaleneffekte in der Produktion zu realisieren und die Nachfrage des Großhandels zu befriedigen. Das heißt, für eine Nachfrage von nur 8 Einheiten wurden 45 Einheiten produziert.

Abbildung 8.3   Nachfrageverhalten entlang der Lieferkette

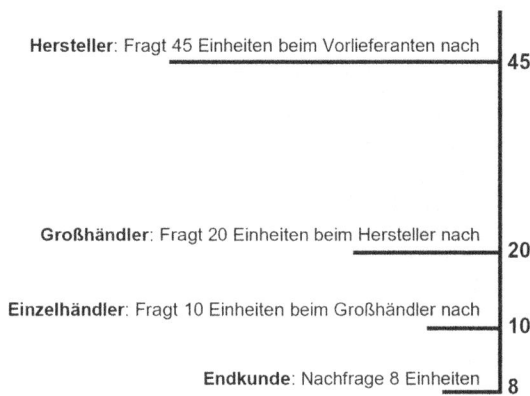

a) Das skizzierte Beispiel zeigt, dass es entlang der Lieferkette zu Nachfrageschwankungen in den einzelnen Stufen kommen kann. Nennen Sie den für diese Nachfrageschwankungen ursächlichen Effekt und erläutern Sie ihn. Wie kann das Eintreten der Nachfrageschwankungen verhindert werden?

b) Angenommen, der Großhändler beliefert nicht nur einen, sondern pro Periode insgesamt 20.000 Einzelhändler mit Nudeln. Jede beim Nudelhersteller bestellte Einheit Nudeln kostet den Großhändler 0,55 €. Der Großhändler hat pro Periode Lagerkosten (Personalkosten, Abschreibungen usw.) von 38.000 €. Berechnen Sie den durchschnittlichen Lagerwert und den Lagerkostensatz (d. h. Verhältnis von Lagerungskosten zu durchschnittlichem Lagerbestand).

c) Aufgrund der Tatsache, dass der Großhändler in der ersten Periode insgesamt doppelt so viele Einheiten beim Nudelhersteller bestellt hat, wie er an den Einzelhandel verkauft, verfügt er über einen beträchtlichen Lagerbestand. Aus diesem Grund bestellt der Großhändler in der zweiten Periode nur 50.000 Einheiten beim Hersteller. Die Nachfrage des Einzelhandels verringert sich um 10%. Wie hoch ist der durchschnittliche Lagerbestand am Ende der zweiten Periode?

Lösung:

a)

Solche Nachfrageschwankungen sind Ausdruck des sog. „Bullwhip-Effekts", der meist auf unvollständige Informationen und fehlerhafte Nachfrageprognosen in den einzelnen Stufen der Lieferkette (Supply Chain) zurückzuführen ist. Der Bullwhip-Effekt besagt, dass trotz relativ konstanter Nachfrage der Endkunden die Bestellmengen entlang der Lieferkette zunehmend variieren; d. h., angefangen beim Einzelhändler bis hin zum Vorlieferanten des Herstellers kommt es zu Verzerrungen der tatsächlichen Endkundennachfrage, wodurch falsche Mengen bestellt und hergestellt werden. Aufgrund des Bullwhip-Effekts kommt es dann zu erhöhten Kosten für Lagerung, Personal, Transport usw. Für den Einzelhändler bedeutet dies bspw., dass er die Nachfrage erhöhen muss, indem er die Preise senkt oder durch Marketingmaßnahmen mehr Kunden zum Kauf der Nudeln animiert.

Das Konzept des Efficient Consumer Response (ECR) kann die Entstehung des „Bullwhip-Effekts" verhindern. Es beruht auf der Grundlage der partnerschaftlichen Zusammenarbeit zwischen allen Akteuren der Supply Chain. Ziel ist es, durch einen gemeinschaftlichen Güter- und Informationsfluss Optimierungen entlang der gesamten Supply Chain vorzunehmen. Dabei beinhaltet ECR vier wesentliche Aktionsfelder: Efficient Replenishment (partnerschaftliche Kooperation der Akteure im Bereich Administration und Logistik), Efficient Assortment (optimale Sortimentsgestaltung), Efficient Promotion (abgestimmte und effiziente Verkaufsförderung) und Efficient Product Introduction (partnerschaftliche Entwicklung neuer Leistungsangebote).

b)

Lagerwert:

20.000 x 10 = 200.000 Einheiten
200.000 x 0,55 = 110.000 €

Lagerkostensatz:

Lagerkostensatz = $\frac{\text{Lagerkosten}}{\varnothing \text{ Lagerwert}} = \frac{38.000}{110.000} = 34,5\%$

c)

Der Großhändler hat am Ende der ersten Periode einen Lagerbestand von 200.000 Einheiten. Er hat insgesamt 400.000 (20 x 20.000) Einheiten beim Hersteller bestellt, aber nur 200.000 (10 x 20.000) Einheiten an den Einzelhandel verkauft. In der zweiten Periode kommen zu diesem Lagerbestand von 200.000 noch die bestellten 50.000 Einheiten hinzu. In der zweiten Periode verringert sich die Nachfrage des Einzelhandels um 10% auf 180.000. Am Ende der zweiten Periode beträgt der Lagerbestand demnach 70.000 (200.000 + 50.000 – 180.000).

$$\text{Durchschnittlicher Lagerbestand} = \frac{\text{Lageranfangsbestand} + \text{Lagerendbestand}}{2}$$

$$\varnothing \text{ Lagerbestand} = \frac{200.000 + 70.000}{2} = 135.000$$

9 Kommunikationspolitik

Aufgabe 1: Kommunikationsstrategie

Was versteht man unter einer Kommunikationsstrategie?

Lösung:

Eine Kommunikationsstrategie dient der Erreichung von Kommunikationszielen des Unternehmens. Sie basiert auf einer Marketingkonzeption, die alle marktbezogenen Aktivitäten definiert (zu bearbeitende Zielgruppen, marketingpolitische Instrumente usw.). Die Kommunikationsstrategie beinhaltet Entscheidungen zur Auswahl, Festlegung und Abstimmung verschiedener Kommunikationsinstrumente und Kommunikationsmaßnahmen in zeitlicher, inhaltlicher und formaler Hinsicht zur Erreichung eines formulierten Zieles.

Aufgabe 2: Werbewirkung und gewinnoptimales Werbebudget[23]

Sie sind Mitarbeiterin der Marketingabteilung des Nahrungsmittelherstellers „Wolframs Snacks". Eines Ihrer Hauptprodukte ist ein Schokoriegel. Auf Grundlage des Werbebudgets (W) und der abgesetzten Riegel (x) der letzten fünf Jahre konnten Sie für den Schokoriegel folgende Werbewirkungsfunktion schätzen: $x(W) = 650.000 + 3.400 * W^{0,5}$.

Im Durchschnitt wird ein Preis in Höhe von 0,99 € pro Riegel erreicht. Die variablen Kosten pro Riegel betragen 0,67 €, die Fixkosten liegen bei 189.000 €.

Für die bevorstehende Sitzung mit der Geschäftsführung müssen Sie noch folgende Aufgaben erledigen:

a) Grafische Darstellung der Werbewirkungsfunktion.

b) Bestimmung des Typs der Werbewirkungsfunktion.

c) Ermittlung des Grundabsatzes und Markierung dieser Größe in der grafischen Abbildung der Werbewirkungsfunktion.

d) Berechnung der Werbeelastizität α des Absatzes für ein Werbebudget von 250.000 € und für ein Werbebudget von 1.000.000 €.

e) Berechnung der gewinnoptimalen Höhe des Werbebudgets und des resultierenden Absatzes und Gewinn Ihres Unternehmens durch den Schokoriegel.

---

[23] In Anl. an Homburg (2017), S. 184f.

Lösung:

a)

Abbildung 9.1 Grafische Darstellung der Werbewirkungsfunktion

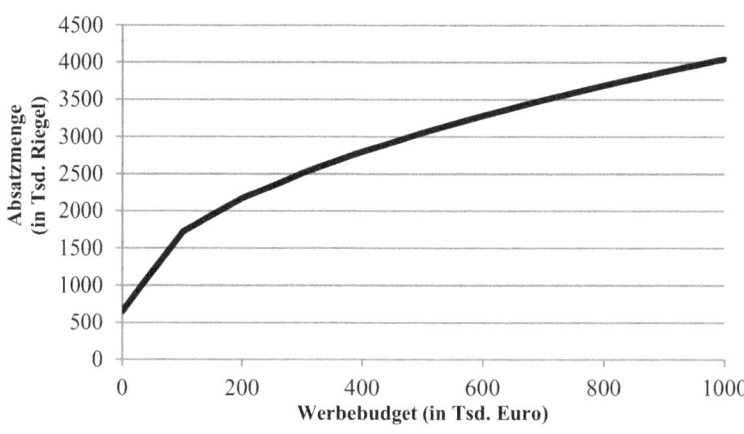

b)

Bestimmung des Typs der Werbewirkungsfunktion:

Es handelt sich um eine degressive Werbewirkungsfunktion ohne Sättigungsmenge.

c)

Ermittlung des Grundabsatzes:

Grundabsatz: Absatz bei W = 0

$x(0) = 650.000 + 3.400 * W^{0,5}$
     $= 650.000$

d)

Berechnung der Werbeelastizität α des Absatzes:

$$\alpha = 0,5 * \frac{b * W^{0,5}}{a + b * W^{0,5}}$$

mit a = 650.000
    b = 3.400

d. h.

Kommunikationspolitik

$$\alpha = 0{,}5 * \frac{3.400 * W^{0,5}}{650.000 + 3.400 * W^{0,5}}$$

1. Fall: W = 250.000

→ $\alpha_1 = \frac{850.000}{2.350.000}$

$\alpha_1 = 0{,}3617$

2. Fall: W = 1.000.000

→ $\alpha_2 = \frac{1.700.000}{4.050.000}$

$\alpha_2 = 0{,}42$

e)
Berechnung des gewinnoptimalen Werbebudgets, des resultierenden Absatzes und Gewinns:

1. Bestimmung der Gewinnfunktion

$G(W) = (p - k_{var}) * (a + b * W^{0,5}) - K_{fix} - W$

2. Berechnung des gewinnoptimalen Werbebudgets

hierzu: Bildung der ersten Ableitung und auflösen nach W

$W = \frac{b^2 * (p - k_{var})^2}{4}$

$= \frac{3.400^2 * 0{,}32^2}{4}$

$= 295.936$

3. Bestimmung der gewinnoptimalen Menge

Hierzu wird das gewinnoptimale Werbebudget in die Werbewirkungsfunktion eingesetzt.

$x(W_{opt}) = 650.000 + 3.400 * 295.936^{0,5}$

$x(W_{opt}) = 2.499.600$

4. Bestimmung des Gewinns bei optimaler Höhe des Werbebudgets

Hierzu werden die ermittelten Werte in die Gewinnfunktion eingesetzt.

$G(W_{opt}) = (p - k_{var}) * (a + b * W^{0,5}) - K_{fix} - W$

$G(W_{opt}) = 0{,}32\ € * 2.499.600 - 189.000\ € - 295.936\ €$
$\qquad\quad = 314.936\ €$

Aufgabe 3: Entscheidungen zur Verteilung des Werbebudgets[24]

Sie arbeiten in der Kommunikationsabteilung eines Wanderrucksackherstellers und planen, über das Schalten von Werbeanzeigen in Reisemagazinen das neue Modell zu bewerben. Insgesamt haben Sie vier zielgruppenrelevante Zeitschriften (A, B, C und D) identifiziert. Ziel ist es, bei einem jährlichen Werbebudget von 700.000 € die Kontaktzahlen zu maximieren. Dafür haben Sie folgende Daten zusammengetragen:

Magazin	Leser (in Mio.)	Kosten pro Ausgabe	Ausgaben pro Jahr
A	2,5	49.000 €	6
B	3,6	54.000 €	2
C	3,2	72.000 €	4
D	1,6	40.000 €	4

a) Ermitteln Sie für jedes Magazin den Tausenderkontaktpreis (TKP).

b) Erstellen Sie auf Grundlage der TKP eine Streuplanung für die einzelnen Magazine.

c) Berechnen Sie die Bruttoreichweite.

Lösung:

a)

Tausenderkontaktpreis

$$TKP = \frac{\text{Kosten (z.B. pro Spot, Ausgabe)}}{\text{Zahl erreichter Leser/Zuschauer}} * 1.000$$

$$TKP_A = \frac{49.000\ €}{2.500.000} * 1.000 = 19{,}60\ €$$

$$TKP_B = \frac{54.000\ €}{3.600.000} * 1.000 = 15\ €$$

$$TKP_C = \frac{72.000\ €}{3.200.000} * 1.000 = 22{,}50\ €$$

$$TKP_D = \frac{40.000\ €}{1.600.000} * 1.000 = 25\ €$$

b)

Streuplanung

Anhand der TKP werden zuerst möglichst viele Ausgaben von Zeitschrift B belegt:
700.000 € − 2 * 54.000 € = 592.000 €

---

[24] In Anl. an Homburg (2017), S. 185.

Im zweiten Schritt werden möglichst viele Ausgaben von Zeitschrift A belegt:
592.000 € − 6 * 49.000 € = 298.000 €

Im dritten Schritt werden möglichst viele Ausgaben von Zeitschrift C belegt:
298.000 € − 4 * 72.000 € = 10.000 €

[10.000 € < 40.000 € (Kosten pro Ausgabe für Zeitschrift D) → Restbudget 10.000 €]

c)

Bruttoreichweite (Summe aller Kontakte mit der Werbebotschaft)

6 * 2,5 Mio. + 2 * 3,6 Mio. + 4 * 3,2 Mio. = 35 Mio. Kontakte

Andere Reichweiten sind ohne Daten über Wiederholungskontakte und Duplizität nicht errechenbar.

Aufgabe 4: Ableiten von werbepolitischen Entscheidungen[25]

Das Unternehmen „RoboClean" bringt einen neuen Saugroboter auf den Markt. Zum Preis von 100 € kaufen lediglich 1.000 Personen den neuen Saugroboter. Wird der Preis um 30 € erhöht, so führt dies zu einem Verlust von 150 Kunden. Die Geschäftsleitung bewilligt einen Werbeetat von bis zu 30.000 €. Die Marketingabteilung weiß aus Erfahrung, dass die ganzseitige Anzeigenschaltung in einem großen wöchentlich erscheinenden Nachrichtenmagazin den größten Erfolg verspricht.

Wird eine Anzeige in dem Magazin geschaltet, kostet diese pro Ausgabe 10.000 €. Eine einmalige Schaltung der Anzeige verspricht einen Absatzzuwachs von 57 %, eine zweimalige Schaltung ein Absatzwachstum um 78,5 %. Bei dreimaligem Erscheinen wächst der Absatz um 89 %. Bei viermaliger Erscheinung wächst der Absatz um 93 %. Ohne Werbung fallen dem Unternehmen Fixkosten in Höhe von 19.000 € an. Zudem entstehen variable Kosten von 50 € pro Stück. Vergleichen Sie die Gesamtgewinne und geben Sie basierend auf dem Vergleich an, wie oft „RoboClean" die Anzeige für den Saugroboter schalten sollte.

---

[25] In Anl. an Schierenbeck (2011), S. 91.

Lösung:

p(x) = b * x + a
100 = b * 1.000 + a → a = 100 − 1.000b
130 = 850b + 100 − 1.000b → 30 = −150b → b = −0,2
100 = −0,2 * 1.000 + a → a = 300
130 = −0,2 * 850 + a → a = 300
p(x) = 300 − 0,2x

Fall 1: Keine Werbung

U(x) = p(x) * x = 300x − 0,2x²
K(x) = 19.000 + 50x
G(x) = U(x) − K(x) = 300x − 0,2x² − 19.000 − 50x
     = −0,2x² + 250x − 19.000
G'(x) = −0,4x + 250
0   = −0,4x + 250
250   = 0,4x
x   = 625

p(625) = 300 − 0,2 * 625
       = 175
G(x) = 625 * 175 − 19.000 − 50 * 625 = 109.375 − 19.000 − 31.250 = 59.125

Fall 2: Einmalige Anzeige

$p(x) = 300 - \left(\frac{0{,}2}{1{,}57}\right)x$

$p(x) = 300 - 0{,}12739\,x$

Maximumbestimmung

G(x) = (300 − 0,12739x)x − 19.000 − 50x − 10.000
G(x) = −0,12739x² + 250x − 29.000
G'(x) = −0,25478x + 250
0 = −0,25478x + 250
x = 981,24 → x = 981

p(981) = 300 − 0,12739 * 981
       = 175,03
G(x) = 981 * 175,03 − 19.000 − 981* 50 − 10.000 = 171.704,43 − 29.000 − 49.050 = 93.654,43

Fall 3: Zweimalige Anzeige

$p(x) = 300 - \left(\frac{0{,}2}{1{,}785}\right)x$

$p(x) = 300 - 0{,}112\,x$

Maximumbestimmung

$G(x) = (300 - 0{,}112x)x - 19.000 - 50x - 20.000$
$G(x) = -0{,}112x^2 + 250x - 39.000$
$G'(x) = -0{,}224x + 250$
$0 = -0{,}224x + 250$
$x = 1.116{,}07 \rightarrow x = 1.116$

$p(1116) = 300 - 0{,}112 * 1.116$
$ = 175{,}01$
$G(x) = 1116 * 175{,}01 - 19.000 - 1116 * 50 - 20.000 = 195.311{,}16 - 39.000 - 55.800 = 100.511{,}16$

Fall 4: Dreimalige Anzeige

$p(x) = 300 - \left(\frac{0{,}2}{1{,}89}\right)x$

$p(x) = 300 - 0{,}10582x$

Maximumbestimmung

$G(x) = (300 - 0{,}10582x)x - 19.000 - 50x - 30.000$
$G(x) = -0{,}10582x^2 + 250x - 49.000$
$G'(x) = -0{,}21164x + 250$
$0 = -0{,}21164x + 250$
$x = 1.181{,}25 \rightarrow x = 1.182$

$p(1182) = 300 - 0{,}10582 * 1.182$
$ = 174{,}92$
$G(x) = 1.182 * 174{,}92 - 19.000 - 1.182 * 50 - 30.000 = 206.755{,}44 - 49.000 - 59.100 = 98.655{,}44$

Fall 5: Viermalige Anzeige

Eine vierte Anzeigenschaltung ist nicht möglich, da eine vierte Schaltung den Werbeetat um 10.000 € überschreiten würde.

Antwort: Das Unternehmen sollte eine zweimalige Werbeanzeige schalten.

Aufgabe 5: Ermittlung des Umsatzzuwachses durch Werbung[26]

Ein Einzelhändler verkauft in einem „normalen" Monat ohne Werbung Autos im Wert von 320.000 €. Im letzten Monat hatte er mehrere Anzeigenwerbungen in Tageszeitungen, die insgesamt 20.000 € gekostet haben. Diesen Monat hat der Einzelhändler Autos im Wert von 380.000 € verkauft. Weitere Werbeaktionen wurden in diesem Monat nicht durchgeführt.

---

[26] In Anl. an Farris/Bendle/Pfeifer/Reibstein (2017), S. 276f.

Wie hoch ist der Mehrumsatz durch die Anzeige? Ist die Schaltung der Werbeanzeige, auf Grundlage der vorliegenden Zahlen, sinnvoll?

Lösung:

Mehrumsatz (€) = Gesamtumsatz (€) − Grundumsatz (€)

Mehrumsatz (€) = 380.000 € − 320.000 € = 60.000 € (Erhöhung um 18,75 %)

Verhältnis Kosten zu Umsatzzuwachs = $\frac{20.000\,€}{60.000\,€} = \frac{1}{3}$

Antwort: Die Schaltung der Anzeige lohnt sich, da der zusätzliche Umsatz dreimal so hoch wie die zusätzlichen Kosten ist.

Teil V: Marketing in speziellen Anwendungskontexten

10 Investitionsgütermarketing

Aufgabe 1: Segmentierung von Investitionsgütermärkten

Nennen und verdeutlichen Sie die Segmentierungsmerkmale für Investitionsgütermärkte anhand geläufiger Gruppierungen. Nennen Sie pro Merkmalsgruppe jeweils zwei Segmentierungsmerkmale.

Lösung:

- Investitionsgütermärkte: Märkte, auf denen produzierende Unternehmen als Nachfrager auftreten (Einsatz von Gütern in den Produktionsprozess zwecks Fremdbedarfsdeckung). Eine nachfragerbezogene Marktabgrenzung ist die entsprechende Voraussetzung.
- Segmentierungsmerkmale:
  - Firmendemografische Merkmale: Unternehmensgröße, Branche
  - Ökonomische Merkmale: Finanzkraft, Bestandsdaten
  - Psychologische Merkmale: Unternehmensziele, Kenntnisse, Motive, Einstellungen
  - Verhaltensmerkmale: Kaufverhalten, Produktionsverfahren, Produktionsverhalten

Aufgabe 2: Nachfrageprognose in Investitionsgütermärkten[27]

Sie arbeiten für die „Bits & Bytes GmbH", ein IT-Unternehmen, das als einziges Produkt eine Business-Software vertreibt. Ihre Abteilungsleitung hat Sie damit beauftragt, die Nachfrage nach der Software für das kommende Jahr auf Basis der Nachfragezahlen der letzten sieben Jahre ($t = 1, \ldots 7$) zu prognostizieren:

Zeitpunkt t_i	t = 1	t = 2	t = 3	t = 4	t = 5	t = 6	t = 7
Nachfrage (y_i) in Mio.	260	300	285	310	325	335	340

Sie nehmen einen Trend der Art $y = a + b * t$ an. Prognostizieren Sie die Nachfrage für den Zeitpunkt $t = 8$.

---

[27] In Anl. an Bruhn (2019), S. 76f.

Lösung:

Zeitpunkt t_i	Nachfrage y_i (in Mio.)	$t_i * y_i$	t_i^2
1	260	260	1
2	300	600	4
3	285	855	9
4	310	1.240	16
5	325	1.625	25
6	335	2.010	36
7	340	2.380	49
Σ	28	2.155	8.970	140
$(\Sigma t_i)^2$	784			

$$a = \frac{\Sigma t_i^2 \, \Sigma y_i - \Sigma t_i \, \Sigma t_i y_i}{n \, \Sigma t_i^2 - (\Sigma t_i)^2}$$

$$a = \frac{140 * 2.155 - 28 * 8.970}{7 * 140 - 784} = \frac{50.540}{196} = 257{,}86$$

$$b = \frac{n \, \Sigma t_i y_i - \Sigma t_i \, \Sigma y_i}{n \, \Sigma t_i^2 - (\Sigma t_i)^2}$$

$$b = \frac{7 * 8.970 - 28 * 2.155}{7 * 140 - 784} = \frac{2.450}{196} = 12{,}5$$

Die Nachfrage der „Bites & Bytes GmbH" im Zeitablauf wird durch folgende Funktion bestmöglich repräsentiert:

y(t) = 257,86 + 12,5 * t

Auf Basis dieser Funktion lässt sich nun durch das Einsetzen von t = 8 die Nachfrageprognose für Periode 8 berechnen:

y(t = 8) = 257,86 + 12,5 * 8 = 357,86

Antwort: Die Nachfrage zum Zeitpunkt t = 8 liegt bei 357.860.000.

Aufgabe 3: Wirkung von werbe- und preispolitischen Maßnahmen[28]

Die „Frost AG" ist ein Hersteller für Tiefkühlkost, der seine Produkte ausschließlich an Einzelhändler vertreibt. Das Unternehmen möchte ermitteln, ob durch den Einsatz von Wer-

---

[28] In Anl. an Bruhn (2019), S. 77.

bung oder kurzfristige Preisreduktionen für das seit drei Jahren am Markt befindliche Tiefkühl-Menü „Schmecktgut" höhere Absätze zu erzielen sind. Weitere Kostengrößen, wie Produktionskosten, sind zu vernachlässigen.

Das Marketing-Team geht davon aus, dass Werbemaßnahmen und Preisreduktionen unabhängig voneinander zu Absatzsteigerungen führen. Folgendes additives Modell wird verwendet:

$y = z + a * p^{-1} + b * W$

Die Marketingleitung schätzt folgende Absatzeffekte innerhalb des Planungshorizontes:

- Bei einem Preis von 15 € und ohne Werbung ergibt sich ein Absatz in Höhe von 8.000 Stück.
- Unabhängig vom Preis und ob Werbung betrieben wird oder nicht, werden 250 Stück abgesetzt.
- Ein Absatz von 10.000 Stück wird bei einem Preis von 20 € und Werbeausgaben von 30.000 € erzielt.

a) Bestimmen Sie die Parameter z, a und b der obigen Funktion.

b) Das Marketing-Team ist sich uneins über den Umfang der Preisreduktion und Werbemaßnahmen. Während ein Teil des Teams für keine Werbemaßnahmen, jedoch eine Preisreduktion von 19 € auf 9 € (Option 1) plädiert, fordern die anderen Teammitglieder, den Preis bei 19 € zu belassen, dafür aber ein Werbebudget von 50.000 € zur Verfügung zu stellen.

Welche der beiden Optionen führt zum maximalen Absatz?

Lösung:

a)

Unabhängig von Werbeausgaben und Preis wird ein Absatz von 250 Stück erzielt. Dieser Absatz lässt sich als Parameter z interpretieren (d. h. z = 250).

Bei unterschiedlichen Werbeausgaben und Preisen ergeben sich laut Schätzungen unterschiedliche Absatzzahlen:

Schätzung durch Marketingleitung j	y_j	p_j	W_j
Schätzung 1	8.000	15	0
Schätzung 2	10.000	20	30.000

Unter Verwendung von $y = 500 + a * p^{-1} + b * W$ sind zwei Gleichungen ableitbar:

1. $8.000 = 250 + a * 15^{-1} + b * 0$

2. $10.000 = 250 + a * 20^{-1} + b * 30.000$

Der Parameter a lässt sich aus Gleichung 1 bestimmen:

$8.000 = 250 + \frac{a}{15} + 0$

$7.750 = \frac{a}{15}$

Zur Erinnerung:

$a^{-1} = \frac{1}{a^1}$

$a = 116.250$

Unter Verwendung dieses Ergebnisses lässt sich Gleichung (II) schreiben als:

$10.000 = 250 + \frac{116.250}{20} + b * 30.000$

Nun ist Parameter b ermittelbar:

$9.750 = 5.812,5 + b * 30.000$

$b = 0,13$

Die parametrisierte Funktion lautet: $y = 250 + 116.250 * p^{-1} + 0,13 * W$

b)

Die in Teilaufgabe a) berechnete parametrisierte Funktion ermöglicht nun eine Prognose der Absätze für alle Kombinationen von Werbeausgaben und Preisen.

Optionen	y_j	p_j	W_j
Option 1	y_1	9	0
Option 2	y_2	19	50.000

Option 1: $p = 9$ und $W = 0$:

$y_1 = 250 + 116.250 * 9^{-1} + 0,13 * 0$

$y_1 = 13.166,78 \approx 13.167$

Option 2: $p = 19$ und $W = 50.000$:

$y_2 = 250 + 116.250 * 19^{-1} + 0,13 * 50.000$

$y_2 = 12.868,42 \approx 12.868$

Für die Option 1 lässt sich für „Schmecktgut" ein Absatz in Höhe von 13.167 Stück, bei Option 2 ein Absatz in Höhe von 12.868 Stück prognostizieren. Das Marketingteam sollte sich für die Option 1 entscheiden, sofern ein möglichst hoher Absatz angestrebt wird.

Aufgabe 4: Competitive Bidding

Was versteht man im Investitionsgütermarketing unter „Competitive Bidding"?

Lösung:

Im Rahmen des Investitionsgütermarketing bezeichnet „Competitive Bidding" das Bieten mehrerer Anbieter bei Ausschreibungen, also Bieten unter Wettbewerbsbedingungen. Dabei können Ausschreibungen mehr oder weniger formalisiert sein. Beim Competitive Bidding bzw. der Teilnahme an Ausschreibungen versuchen Unternehmen, ihren Angebotspreis so zu setzen, dass er für den Käufer gegenüber Wettbewerbspreisen attraktiv erscheint. Dabei ist es wichtig, Wettbewerbspreise effektiv schätzen zu können, um die Erfolgswahrscheinlichkeit des eigenen Preises beurteilen zu können.

Aufgabe 5: Berechnung von Zuschlagswahrscheinlichkeiten beim Competitive Bidding

Ein Unternehmen plant, ein Angebot für eine Ausschreibung für eine Windkraftanlage abzugeben. Durch Gespräche mit Marktteilnehmern und dem eigenen Außendienst ist das Unternehmen in der Lage, das Spektrum möglicher Wettbewerbspreise sowie die Eintrittswahrscheinlichkeiten der jeweiligen Konkurrenzpreise zu bestimmen. Diese sind in der folgenden Tabelle dargestellt.

Eigene Preise (in Mio. €)	Konkurrenzpreise (in Mio. €)							Z(P)
	7,75	7,82	8	8,12	8,25	8,4	8,52	
7,55	1,00	1,00	1,00	1,00	1,00	1,00	1,00	1
7,74	0,87	1,00	1,00	1,00	1,00	1,00	1,00	0,987
8,25	0,00	0,00	0,19	0,45	0,81	1,00	1,00	
8,4	0,00	0,00	0,00	0,13	0,33	0,62	0,96	
	0,10	0,14	0,26	0,16	0,11	0,12	0,11	
	Eintrittswahrscheinlichkeiten der Konkurrenzpreise							

So stellt das Unternehmen fest, dass bei einem eigenen Preis von 8,25 Mio. € für die Windkraftanlage und Konkurrenzpreisen von 7,75 € und 7,82 Mio. € die Erfolgswahrscheinlichkeit gleich null ist. Hat der Käufer jedoch ganz bestimmte Präferenzen für den Windkraftanlagen-Anbieter, so kann das Unternehmen schon bei einem Konkurrenzpreis von 8 Mio. € mit 19 % Erfolgswahrscheinlichkeit mit einem Auftrag rechnen. Aus den Schätzwerten in der Tabelle unten lässt sich die Zuschlagswahrscheinlichkeit Z(P) bei einem bestimmten Angebotspreis ermitteln.

Berechnen Sie die Zuschlagswahrscheinlichkeit Z(P) für die Angebotspreise 8,25 Mio. € und 8,4 Mio. €.

Lösung:

Berechnung der Zuschlagswahrscheinlichkeiten Z(P): Summe der Produkte aus Erfolgswahrscheinlichkeiten und Eintrittswahrscheinlichkeiten bei dem jeweiligen Angebotspreis.

Z(8,25) = 0 * 0,10 + 0 * 0,14 + 0,19 * 0,26 + 0,45 * 0,16 + 0,81 * 0,11 + 1 * 0,12 + 1 * 0,11
= 0,4405
→ 44,05 %

Z(8,4) = 0 * 0,10 + 0 * 0,14 + 0 * 0,26 + 0,13 * 0,16 + 0,33 * 0,11 + 0,62 * 0,12 + 0,96 * 0,11
= 0,2371
→ 23,71 %

Eigene Preise (in Mio. €)	Konkurrenzpreise (in Mio. €)							Z(P)
	7,75	7,82	8	8,12	8,25	8,4	8,52	
7,55	1,00	1,00	1,00	1,00	1,00	1,00	1,00	1
7,74	0,87	1,00	1,00	1,00	1,00	1,00	1,00	0,987
8,25	0,00	0,00	0,19	0,45	0,81	1,00	1,00	0,4405
8,4	0,00	0,00	0,00	0,13	0,33	0,62	0,96	0,2371
	0,10	0,14	0,26	0,16	0,11	0,12	0,11	
	Eintrittswahrscheinlichkeiten der Konkurrenzpreise							

11 Dienstleistungsmarketing

Aufgabe 1: Value-Added Services[29]

Das Unternehmen „Premier-Fit" ist eine Kette von Luxus-Fitnessstudios mit Standorten in verschiedenen europäischen Ländern. Über die normalen Leistungen anderer Fitnessketten hinaus wie z. B. der Möglichkeit zum Training an allen Standorten und der Erstellung von Trainings- und Ernährungsplänen haben Mitglieder von „Premier-Fit" die Möglichkeit, weitere Dienstleistungen an 24 Stunden an sieben Tagen in der Woche in Anspruch zu nehmen. Dazu zählen z. B. die Möglichkeit, an jedem Standort zu jeder Zeit einen Personaltrainer in Anspruch zu nehmen, sowie die kostenfreie Nutzung von Taxiunternehmen, um zum Training und im Anschluss wieder nach Hause zu gelangen. Weiterhin sind alle Sportgetränke während des Trainings gratis und es gibt an jedem Standort ein Sportartikelgeschäft sowie ein Restaurant, in welchem auf individuelle Trainings- und Ernährungsziele abgestimmte Gerichte frisch zubereitet werden. Darüber hinaus ist die Mitgliedschaft mit Preisvorteilen bei anderen hochpreisigen Unternehmen verbunden.

a) Bestimmen Sie anhand der kundenseitigen Erwartungshaltung und der Affinität von Primär- und Sekundärdienstleistungen, in welches der Profilierungsfelder nach Laakmann (1995) die beschriebenen Value-Added-Services fallen.

b) Welches ökonomische Problem muss beachtet werden, wenn ein Unternehmen zu einer Primärdienstleistung zusätzlich Value-Added Services anbietet?

c) Das Unternehmen „Premier-Fit" ist daran interessiert, das Serviceniveau zu optimieren. Die folgende Abbildung stellt ein Deckungsbeitragsmodell dar, in welchem die mit den angebotenen Dienstleistungen verbundenen Erlöse und Kosten aufgeführt sind. Benennen Sie die Schnittstellen der Kurvenverläufe und ermitteln Sie das Serviceniveau mit dem höchsten Gewinn für das Unternehmen „Premier-Fit".

---

[29] In Anl. an Bruhn (2019), S. 114.

Abbildung 11.1   Deckungsbeitragsmodell

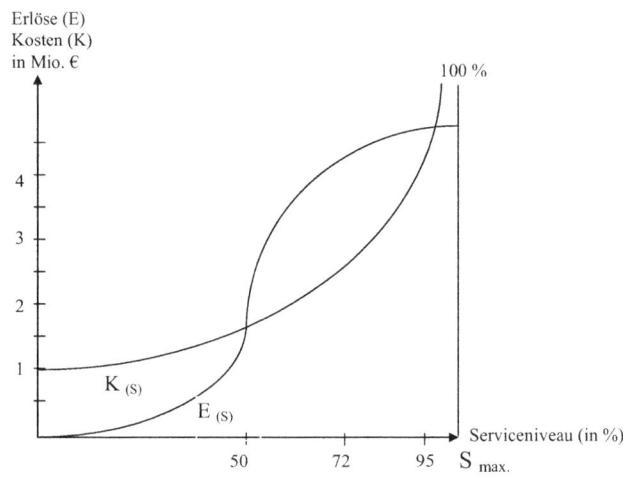

Lösung:

a)

Abbildung 11.2   Mögliche Profilierungsfelder für das Unternehmen

Grad der Affinität von Primär- und Sekundärleistungen / Erwartungshaltung auf Kundenseite	Hohe Affinität	Mittlere Affinität	Geringe Affinität
Muss-Leistung	• Training an allen Standorten • Erstellung von Trainings- und Ernährungsplänen **Profilierungsfeld I**		**Profilierungsfeld II**
Soll-Leistung	• Alle Sportgetränke gratis • 24h an 7 Tagen in der Woche geöffnet	• Mitgliedschaft ist mit Preisvorteilen bei anderen Unternehmen verbunden	• Sportshop in allen Standorten vorhanden **Profilierungsfeld III**
Kann-Leistung	• Es ist zu jeder Zeit und an jedem Standort möglich einen Personaltrainer in Anspruch zu nehmen	• Kostenfreie Nutzung lokaler Taxiunternehmen für die Wege zum Training und zurück	• Zubereitung von auf Trainingsziele abgestimmten Gerichten

b)

Die mit den Sekundärdienstleistungen einhergehenden Servicekosten dürfen in ihrer Höhe die Erlöse nicht übersteigen.

c)

Aus der Abbildung 11.3 kann entnommen werden, dass das Serviceminimum bei einer Ausprägung des Serviceniveaus von ca. 50 % liegt, da an diesem Punkt der Erlös von ca. 1,6 Mio. € aus den angebotenen Dienstleistungen den entstehenden Kosten entspricht. Das Serviceoptimum liegt bei einer Ausprägung des Serviceniveaus von ca. 72 %, da an diesem Punkt die Differenz zwischen dem Erlös aus den angebotenen Dienstleistungen und den resultierenden Kosten maximal ist. Der Gewinn beträgt knapp 1,8 Mio. €. Das Servicemaximum liegt bei einer Ausprägung des Serviceniveaus von ca. 95 %, da bis zu diesem Punkt die Erlöse von ca. 4,75 Mio. € aus den angebotenen Dienstleistungen reichen, um die entstehenden Kosten zu decken. Sobald das Serviceniveau über ca. 95 % liegt, ist dies nicht mehr der Fall und das Unternehmen „Premier-Fit" macht Verluste.

Abbildung 11.3 Serviceoptimierung auf Basis eines Kosten-Erlös-Vergleichs für das Unternehmen „Premier-Fit"

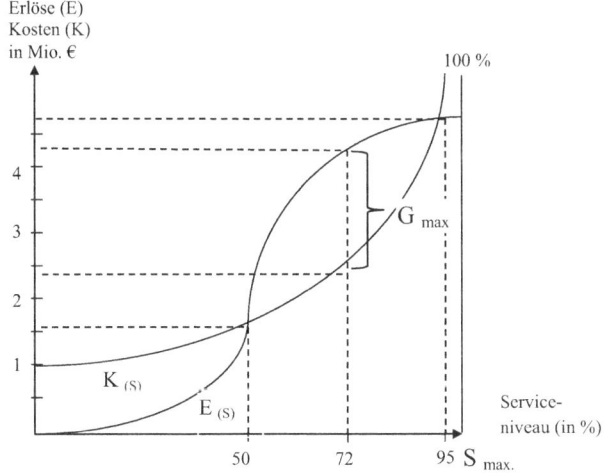

Aufgabe 2: Zielkostenberechnung bei Dienstleistungen

Petra und Klaus Stark führen seit über 30 Jahren die Fitnessstudio-Kette „BeStark". Um dem hohen Wettbewerbsdruck standhalten zu können, soll das Dienstleistungsangebot von „BeStark" angepasst und ein neuer Tarif eingeführt werden. Nach einer Analyse der Kundenpräferenzen haben Petra und Klaus Stark festgestellt, dass ihren Mitgliedern die vier Leistungsfunktionen „Effektive Trainingsmöglichkeiten", „Vielfältige Trainingsmöglichkeiten", „Wellness" und „Individuelle Betreuung" besonders wichtig sind. Die folgende Tabelle zeigt die Wichtigkeit der einzelnen Leistungsfunktionen für die Mitglieder von „BeStark":

Leistungsfunktionen	Teilgewichte
Effektive Trainingsmöglichkeiten	40 %
Vielfältige Trainingsmöglichkeiten	30 %
Wellness	15 %
Individuelle Betreuung	15 %
	100 %

Das Leistungsangebot von „BeStark" umfasst neben modernen Trainingsgeräten und einem umfangreichen Kursangebot auch einen Personal Trainer sowie eine Saunalandschaft. Die folgende Tabelle zeigt, inwieweit die einzelnen Komponenten des Leistungsangebotes von „BeStark" zu den ermittelten Leistungsfunktionen des Fitnessstudios beitragen:

Leistungskomponenten \ Leistungsfunktionen	Effektive Trainingsmöglichkeiten	Vielfältige Trainingsmöglichkeiten	Wellness	Individuelle Betreuung
Kursangebot	10 %	70 %	0 %	0 %
Personal Trainer	30 %	15 %	0 %	100 %
Sauna	0 %	0 %	100 %	0 %
Trainingsgeräte	60 %	15 %	0 %	0 %
Summe	100 %	100 %	100 %	100 %

Der neue Tarif des Fitnessstudios soll für 70 € pro Monat angeboten werden. Petra und Klaus Stark kalkulieren ihre Leistungen mit einer Umsatzrentabilität von 20 %.

a) Wie hoch sind die gesamten Zielkosten des neuen Tarifs?

b) Wie hoch dürfen die Kosten für die einzelnen Leistungskomponenten (Kursangebot, Personal Trainer, Sauna, Trainingsgeräte) maximal sein? Ermitteln Sie dazu die Zielkosten der vier verschiedenen Leistungskomponenten.

Lösung:

a)

Umsatzrentabilität = $\frac{\text{Gewinn}}{\text{Umsatz}}$

$0{,}20 = \frac{\text{Gewinn}}{70}$

Gewinn = 14 € → d. h. mit 70 € Umsatz werden 14 € Gewinn erwirtschaftet

Zielkosten: 70 € - 14 € = 56 €

b)

Für die Zielkostenspaltung auf die Leistungskomponenten ist letztlich wichtig, welchen Gesamtbeitrag die einzelnen Leistungskomponenten zu den Leistungsfunktionen liefern.

Durch die Multiplikation des Anteils der Leistungskomponenten an den Leistungsfunktionen mit dem jeweiligen Teilgewicht der Leistungsfunktion ergibt sich folgende Tabelle mit den Gesamtbeiträgen der einzelnen Leistungskomponenten zu den Leistungsfunktionen (siehe Summenspalte):

	Effektive Trainingsmöglichkeiten	Vielfältige Trainingsmöglichkeiten	Wellness	Individuelle Betreuung	Summe
Kursangebot	4 %	21 %	0 %	0 %	25 %
Personal Trainer	12 %	4,5 %	0 %	15 %	31,5 %
Sauna	0 %	0 %	15 %	0 %	15 %
Trainingsgeräte	24 %	4,5 %	0 %	0 %	28,5 %
Summe	40 %	30 %	15 %	15 %	100 %

Das Kursangebot liefert beispielsweise einen Gesamtnutzen von 25 % (0,1 * 0,4 + 0,7 * 0,3 + 0 * 0,15 + 0 * 0,15) und darf daher auch nur diesen Teil der Zielkosten (hier 0,25 * 56 € = 14 €) beanspruchen.

Es ergeben sich die folgenden Zielkosten der vier Leistungskomponenten (gesamt):

Gesamtzielkosten	56 €
Kursangebot	14 €
Personal Trainer	17,64 €
Sauna	8,40 €
Trainingsgeräte	15,96 €

Aufgabe 3: Prognose von Erstnutzern

a) Ein großes Autovermietungsunternehmen plant, mit lokalen Car-Sharing-Anbietern zu kooperieren, um einen gemeinsamen Service anzubieten. Sie sind damit beauftragt, den Anteil der Erstnutzenden für die neue Dienstleistung bis zum Zeitpunkt t = 5 nach Fourt/Woodlock (1960) zu berechnen. Ihnen stehen folgende Informationen zur Verfügung:

- 40 % aller Haushalte werden die neue Dienstleistung irgendwann einmal ausprobieren.
- In jedem Zeitraum t nutzen 20 % des bisher unerschlossenen Käuferpotenzials die Dienstleistung.

b) Interpretieren Sie das Ergebnis.

Lösung:

a)

Die Formel zur Prognostizierung von Erstnutzern nach Fourt/Woodlock (1960) lautet:

$Q_t = rq(1-r)^{t-1}$

Wobei:

- Q_t die Erstkaufrate in Periode t ist und dem Anteil der gesamten Haushalte, die die Dienstleistung in Periode t voraussichtlich nutzen werden, entspricht.
- r die Erstkaufrate bzw. die Durchdringungsrate im unerschlossenen Marktanteil darstellt. Es wird von einem konstanten Zeitablauf ausgegangen und davon, dass r für alle Konsumenten konstant ist.

Dienstleistungsmarketing

- q die Gesamtkaufrate ist, also der Anteil der gesamten Haushalte, die die Dienstleistung voraussichtlich einmal nutzen werden.
- t für die Periode steht.

Die Erstkaufrate nach den ersten vier Perioden beträgt dann:

$Q_1 = rq (1 - r)^{1-1} = (0,2) (0,4) (0,8)^0 = 0,080$

$Q_2 = rq (1 - r)^{2-1} = (0,2) (0,4) (0,8)^1 = 0,064$

$Q_3 = rq (1 - r)^{3-1} = (0,2) (0,4) (0,8)^2 = 0,051$

$Q_4 = rq (1 - r)^{4-1} = (0,2) (0,4) (0,8)^3 = 0,041$

$Q_5 = rq (1 - r)^{5-1} = (0,2) (0,4) (0,8)^4 = 0,033$

b)

Im Laufe der Zeit nähert sich der inkrementelle Prozentsatz von Erstkäufern bzw. -nutzern dem Wert null an.

Aufgabe 4: Beurteilung von Personalkostenveränderungen

In dem Low Budget Hotel & Hostel „Schultz and Friends" machen Personalkosten einen hohen Anteil an der Finanzplanung aus. Zwischen 2015 und 2022 sind die Ausgaben für Personal in diesem Unternehmen gestiegen.

a) Bestimmen Sie, wie sich die Gesamtpersonalkosten in dem betrachteten Zeitraum verändert haben. Verwenden Sie dafür die Informationen aus folgender Tabelle, die die Stundenlöhne und geleisteten Arbeitsstunden für die Jahre 2015 und 2022 enthält.

	2015		2022	
	Stundenlohn (€)	Gearbeitete Gesamtstunden	Stundenlohn (€)	Gearbeitete Gesamtstunden
Housekeeping	8,50	6.300	12	6.000
Rezeption	9,95	4.500	12,55	5.600
F&B (Food and Beverages)	10,45	2.500	13,65	2.600

b) Wenn ein präziser Indikator für die Entwicklung von Personalkosten benötigt wird, ist die Gegenüberstellung von Gesamtkosten nur bedingt geeignet. Warum ist das so?

c) Verwenden Sie den Laspeyres-Index, um anhand der Angaben aus der Tabelle zu bestimmen, um wie viel Prozent die Löhne in dem betrachteten Zeitraum gestiegen sind.

Lösung:

a)

Die Gesamtpersonalkosten für 2015 berechnen sich als Summe der Produkte aus Stundenlohn in € und insgesamt geleisteten Arbeitsstunden:

8,50 * 6.300 + 9,95 * 4.500 + 10,45 * 2.500 = 124.450

Die Gesamtpersonalkosten für das Jahr 2015 betragen 124.450 €. In analoger Weise berechnen sich die Gesamtpersonalkosten für 2022 in Höhe von 177.770 €.

Antwort: Die Veränderung der Gesamtpersonalkosten von 2015 bis 2022 beträgt somit 53.320 €.

b)

Da sich in dem betrachteten Zeitraum sowohl die Löhne als auch die Anzahl der insgesamt geleisteten Arbeitsstunden verändert haben, lässt sich aus den Gesamtkosten nicht herleiten, worauf die Kostensteigerung zurückzuführen ist.

c)

Der Laspeyres-Index wird anhand folgender Formel berechnet:

$$\frac{\sum P_n W_0}{\sum P_0 W_0} * 100$$

Wobei:

P = Variable, für die der Index berechnet werden soll (Gehalt)
W = verwendetes Gewicht (gearbeitete Stunden)
Index 0 = Vergleichsjahr (2015)
Index n = Jahr, für das der Index berechnet wird (2022)

Berechnung des Zählers: 12,00 * 6.300 + 12,55 * 4.500 + 13,65 * 2.500 = 166.200

Berechnung des Nenners: 8,50 * 6.300 + 9,95 * 4.500 + 10,45 * 2.500 = 124.450

Ergebnis: $\frac{166.200}{124.450} * 100 = 133,55$

Die Gehälter sind im Betrachtungszeitraum um 33,55 % angestiegen.

Aufgabe 5: Prozesskostenrechnung bei Dienstleistungen[30]

In einem Krankenhaus werden zusätzliche private Gesundheitsdienstleistungen angeboten. Im vergangenen Jahr hat sich die Krankenhausführung dazu entschieden, die Prozesskostenrechnung einzuführen. Für die Kostenstelle „Station B3 - private Gesundheitsleistungen"

---

[30] In Anl. an Burchert/Razik/Schneider/Vorfeld (2014), S. 125

sind Kosten für ein Jahr in Höhe von 450.000 € angefallen. Insgesamt stehen der Station B3 des Krankenhauses Personalkapazitäten für sechs Mitarbeiterstellen für die privaten Gesundheitsdienstleistungen zur Verfügung, wobei eine Mitarbeiterstelle 1.500 Arbeitsstunden pro Jahr entspricht. Zudem liegen folgende Daten vor:

Teilprozess		Kostentreiber	
Nr.	Bezeichnung	Art	Menge pro Jahr (ME)
1	Terminvereinbarung	Zahl der Terminvereinbarungen	7.500
2	Erstgespräch	Zahl der Erstgespräche	6.000
3	Behandlung	Zahl der Behandlungen	3.500
4	Nachsorgeuntersuchung	Zahl der Nachsorgeuntersuchungen	3.100
5	Fakturierung	Zahl der erstellten Rechnungen	6.000
6	Stationsleitung		

Teilprozesse	Durchschnittliche Bearbeitungszeit je Prozess (in Minuten)
Terminvereinbarung	1,2
Erstgespräch	4,5
Behandlung	90,0
Nachsorgeuntersuchung	9,0
Fakturierung	1,5

a) Wie viele Mitarbeiterstellen benötigt die Station für jeden der Teilprozesse?

b) Ermitteln Sie auf dieser Basis die Prozesskosten für die einzelnen Teilprozesse.

Lösung:

a)

Ermittlung des Personalbedarfs:

Zur Ermittlung der erforderlichen Mitarbeiterstellen je Teilprozess muss zunächst für jeden Teilprozess der Zeitbedarf in Stunden in Abhängigkeit von der Menge (pro Jahr) errechnet werden. Dividiert durch die Gesamtstundenzahl pro Mitarbeiterstelle ergibt sich dann der Zeitbedarf in Mitarbeiterstellen je Teilprozess.

Teilprozess	Berechnung des Personalbedarfs (in Mitarbeiterstellen)
Terminvereinbarung	(7.500 ME * 1,2 Min/ME) : 60 Minuten = 150 Stunden 150 Stunden : 1.500 Stunden pro Mitarbeiterstelle = 0,10 Mitarbeiterstellen
Erstgespräch	(6.000 ME * 4,50 Min/ME) : 60 Minuten = 450 Stunden 450 Stunden : 1.500 Stunden pro Mitarbeiterstelle = 0,30 Mitarbeiterstellen
Durchführung der Behandlung	(3.500 ME * 90,0 Min/ME) : 60 Minuten = 5.250 Stunden 5.250 Stunden : 1.500 Stunden pro Mitarbeiterstelle = 3,50 Mitarbeiterstellen
Nachsorgeuntersuchung	(3.100 ME * 9,0 Min/ME) : 60 Minuten = 465 Stunden 465 Stunden : 1.500 Stunden pro Mitarbeiterstelle = 0,31 Mitarbeiterstellen
Fakturierung	(6.000 ME * 1,5 Min/ME) : 60 Minuten = 150 Stunden 150 Stunden : 1.500 Stunden pro Mitarbeiterstelle = 0,10 Mitarbeiterstellen
Stationsleitung	6 Mitarbeiterstellen - 0,10 Mitarbeiterstellen - 0,30 Mitarbeiterstellen - 3,50 Mitarbeiterstellen - 0,31 Mitarbeiterstellen - 0,10 Mitarbeiterstellen = 1,69 Mitarbeiterstellen

b)

Ermittlung der Prozesskosten:

Die Gesamtkosten werden über die Mitarbeiterstellen auf die Teilprozesse verteilt. Hierzu werden zunächst die Gesamtkosten pro Mitarbeiterstelle berechnet, indem die Gesamtkosten durch die Summe der Mitarbeiterstellen dividiert werden. Durch die Multiplikation der Gesamtkosten je Mitarbeiterstelle mit dem Personalbedarf in Mitarbeiterstellen je Teilprozess ergeben sich die Prozesskosten je Teilprozess.

Teilprozess	Mitarbeiterstellen	Berechnung der Teilkosten (pro Jahr)
Terminvereinbarung	0,10	(450.000 € : 6 Mitarbeiterstellen) * 0,10 Mitarbeiterstellen = 7.500 €
Erstgespräch	0,30	(450.000 € : 6 Mitarbeiterstellen) * 0,30 Mitarbeiterstellen = 22.500 €

Teilprozess	Mitarbeiterstellen	Berechnung der Teilkosten (pro Jahr)
Behandlung	3,50	(450.000 € : 6 Mitarbeiterstellen) * 3,50 Mitarbeiterstellen = 262.500 €
Nachsorgeuntersuchung	0,31	(450.000 € : 6 Mitarbeiterstellen) * 0,31 Mitarbeiterstellen = 23.250 €
Fakturierung	0,10	(450.000 € : 6 Mitarbeiterstellen) * 0,10 Mitarbeiterstellen = 7.500 €
Stationsleitung	1,69	(450.000 € : 6 Mitarbeiterstellen) * 1,69 Mitarbeiterstellen = 126.750 €

Aufgabe 6: Die Messung von Dienstleistungsqualität

Die Kaffeehauskette „Coffee Brewers" nimmt regelmäßig Messungen der eigenen Dienstleistungsqualität in all ihren 370 Filialen vor. Dazu verwendet „Coffee Brewers" die SERVQUAL-Methode. Die Geschäftsleitung plant, den durchschnittlichen Umsatz der Filialen durch eine Qualitätsoffensive zu steigern.

a) Erläutern Sie die SERVQUAL-Methode.

b) Wenn es „Coffee Brewers" durch die geplante Qualitätsoffensive gelingt, die Gesamtqualität um 10 % zu steigern, und wenn die Qualitäts-Elastizität der Nachfrage $\varepsilon = 2{,}5$ beträgt, um wie viel Prozentpunkte konnte die Nachfrage gesteigert werden?

Lösung:

a)

SERVQUAL ist einer der wichtigsten Ansätze zur Messung der von Kunden wahrgenommenen Dienstleistungsqualität und wurde in den 1980er Jahren in den USA entwickelt. Die Dienstleistungsqualität resultiert dabei aus der Differenz zwischen Erwartung (Soll) und Wahrnehmung (Ist) der Kunden. Der SERVQUAL-Ansatz unterscheidet fünf Qualitätsdimensionen: Annehmlichkeit des tangiblen Umfelds („Tangibles"), Zuverlässigkeit („Reliability"), Reaktionsfähigkeit („Responsiveness"), Leistungskompetenz („Assurance") und Einfühlungsvermögen („Empathy").

b)

Die Qualitäts-Elastizität der Nachfrage ist das Verhältnis von relativer Veränderung der abgesetzten Menge der Dienstleistung zur relativen Qualitätsveränderung einer Dienstleistung.

$$\frac{\text{Nachfrageveränderung (in \%)}}{\text{Qualitätsveränderung (in \%)}} = \varepsilon$$

[Merke: In der Regel ist das Vorzeichen beim Qualitäts-Elastizitätskoeffizienten positiv, da eine Verbesserung der Qualität (Nenner) mit einer positiven Veränderung des Dividenden/Zählers einhergeht.]

Wenn also

$$\frac{\text{Nachfrageveränderung (in \%)}}{10\,\%} = 2{,}5$$

Dann beträgt die Nachfrageänderung = 25%.

12 Online-Marketing

Aufgabe 1: Der virale Effekt

Was versteht man unter dem sog. „viralen Effekt", der durch Aktionen des Mobile-Marketing ausgelöst werden kann? Stützen Sie Ihre Argumentation durch ein geeignetes Beispiel.

Lösung:

Werbebotschaften werden durch die Empfänger an Mitglieder der Peer-Group (z. B. Kolleginnen, Freunde und Bekannte) weitergesendet, wodurch sich die Werbemaßnahme „eigenständig" verbreitet. Beispielsweise das Weitersenden von attraktiven Gewinnspielen, Gutscheinen usw.

Aufgabe 2: Formen der Kundeneinwilligung

Erläutern Sie mögliche Formen der Kundeneinwilligung (kein Spam), durch welche die Zusendung von Werbung auf Mobiltelefone ermöglicht wird. In welchem Zusammenhang stehen diese Kundeneinwilligungen mit sog. Push- oder Pull-Kampagnen?

Lösung:

Abbildung 12.1 Formen der Kundeneinwilligung

Bei Push-Kampagnen muss anders als bei Pull-Kampagnen eine Kundeneinwilligung vorliegen.

Aufgabe 3: Effektivität von Online-Marketingmaßnahmen

Sie sind Mitarbeiter bei einem großen Onlinehändler. Die Marketingleiterin beauftragt Sie, die Performance ihres Webshops anhand einiger Kennzahlen zu überprüfen. An dem ausgewählten Tag besuchen 500 Kunden Ihren Shop, von denen wiederum 13 etwas kaufen. Ihre gesamten Einnahmen betragen an diesem Tag 220 €. Ihre Kosten belaufen sich auf 100 €. Berechnen Sie die Konversionsrate, die Einnahmen je Besucher, die Kosten je Besucher sowie den Gewinn je Besucher.

Lösung:

1. Konversionsrate $= \frac{\text{Anzahl von Bestellungen}}{\text{Anzahl der Besucher}}$

   Konversionsrate $= \frac{13}{500} = 0{,}026$

   Die Konversionsrate beträgt 2,6 %

2. Einnahmen pro Besucher $= \frac{220\,€}{500\,\text{Besucher}} = 0{,}44\,€$ je Besucher

3. Kosten pro Besucher $= \frac{100\,€}{500\,\text{Besucher}} = 0{,}20\,€$ je Besucher

4. Gewinn pro Besucher = Einnahmen – Kosten

   0,44 € – 0,20 € = 0,24 €

Aufgabe 4: Berechnung der Kosten pro Klick

Sie betreiben einen Webshop für PC-Zubehör und messen regelmäßig den Unternehmenserfolg anhand ausgewählter Kennzahlen. Sie stellen dabei fest, dass Ihr durchschnittlicher Gewinn je verkauftem Produkt bei 2,25 € und Ihre Konversionsrate bei durchschnittlich 3 % liegen. Sie beschließen, 30 % des Gewinns für zusätzliche Bannerwerbung auszugeben. Die Kosten für die Schaltung eines Banners betragen monatlich 100 €. Nach einem Monat wurde insgesamt 550-mal auf den Banner geklickt. Wie hoch sind Ihre Kosten pro Klick? Wie hoch dürfen die Kosten per Klick maximal werden, damit sich die zusätzliche Bannerwerbung lohnt?

Lösung:

1. Formel für Kosten pro Klick (CPC):

$\text{CPC} = \frac{\text{Kosten}}{\text{Anzahl der Clicks}}$

$\text{CPC} = \frac{100}{550} = 0{,}18$

Die Kosten per Klick betragen 0,18 €.

2. 0,68 € (2,25 € * 0,30) pro verkauftem Produkt werden für zusätzliche Bannerwerbung ausgegeben und 3 % der Klicks führen zu einem Verkauf. Daraus folgt: 0,03 * 0,68 € = 0,02 €.

3 % der Klicks führen zu einem Verkauf: 0,03 * 0,68 € = 0,02 €

Antwort: Die Kosten per Klick dürfen maximal 0,20 € betragen

Aufgabe 5: Verbreitung von Social-Media-Posts

Als Teil des Social-Media-Teams des Lebensmitteleinzelhändlers „V&V" sind Sie für die Planung, Entwicklung und Durchführung von Kampagnen eines Social-Media-Kanals mit 800.000 Followern zuständig. Da sich in der Vergangenheit einige Posts unerwartet schnell viral verbreitet haben und dies zu Kapazitätsengpässen im Community Management führte, wurden Sie von dieser Abteilung gebeten zu berechnen, wie viele Interaktionen innerhalb von t = 8 Stunden nach Absetzen eines Posts zu erwarten sind. Das Community Management rechnet pro 100.000 Interaktionen in 8 Stunden mit einem Personalbedarf von einer Mitarbeiterin.

Aus Vergangenheitsdaten wissen Sie, dass mit dem Absetzen (t = 0) eines Posts 6 % der Follower sofort erreicht bzw. kontaktiert werden (Impressionen). Die durchschnittliche Interaktionsrate, also das Verhältnis zwischen Interaktionen (z. B. Klicks, gestartete Videos, Kommentare) und Impressionen, beträgt in t = 0 etwa 4 %. Folgende Exponentialfunktion liegt zugrunde:

Interaktionen(t) = Interaktionen$_{t=0}$ * $e^{\ln(r)*t}$

a) Berechnen Sie für die folgenden drei Szenarien die zu erwartenden Interaktionen innerhalb der ersten 8 Stunden, wenn folgende Verbreitungsfaktoren (r) angenommen werden:

Szenario I: r = 1,3
Szenario II: r = 1,7
Szenario III: r = 2,2

b) Wie viele Mitarbeitende muss das Community Management je Szenario einplanen?

Lösung:

a)

Impressionen$_{t=0}$: 800000 * 0,06 = 48000

Interaktionen$_{t=0}$: 48000 * 0,04 = 1920

Szenario I

Impressionen(8) = $1920 * e^{\ln(1,3)*8} = 15662$

Szenario II

Impressionen(8) = 1920 * $e^{\ln(1,7)*8}$ = 133935

Szenario III

Impressionen(8) = 1920 * $e^{\ln(2,2)*8}$ = 1053617

b)

Szenario I

15662 / 100.000 = 0,16

Es wird eine Mitarbeiterin bzw. ein Mitarbeiter benötigt.

Szenario II

133935 / 100.000 = 1,34

Es werden zwei Mitarbeitende benötigt.

Szenario III

1053617 / 100.000 = 10,54

Es werden elf Mitarbeitende benötigt.

Aufgabe 6: Bewertung von Kundenähnlichkeiten

Sie sind Mitarbeiterin der Marketingabteilung eines großen Handelsunternehmens und zuständig für das Online-Marketing. Die Marketingleitung beauftragt Sie, das Online-Kaufverhalten von zwei Bestandskunden (Kunde 1 und Kunde 2) im Hinblick auf sechs unterschiedliche Produkte (P1 bis P6) zu analysieren, um hieraus auf die Vorlieben eines aktiven Nutzers (Kunde 3) zu schließen. Man stellt Ihnen hierzu die nachfolgenden Informationen zur Produktbewertung (1 = sehr schlecht bis 5 = sehr gut) der drei Kunden zur Verfügung:

	Kunde 1	Kunde 2	Kunde 3
Produkt 1	2	1	4
Produkt 2	3	2	
Produkt 3	5	4	
Produkt 4	4	5	1
Produkt 5	2		3
Produkt 6	1	4	

a) Berechnen Sie die Ähnlichkeiten zwischen den Kunden, bilden Sie Nachbarschaften und gewichten Sie die Nachbarn. Verwenden Sie dafür einen Wert von 20 für die Grenze der Nachbarschaften (L).

b) Erstellen Sie eine Vorhersage für den Kunden 3 und das noch nicht bewertete Produkt 6.

Lösung:

a)

1. Bewerten der Ähnlichkeiten zwischen Kunden mittels mittlerer quadratischer Abweichung:

Formeln:

$$D_{K3K1} = \frac{\sum_{P=1}^{n}(B_{K3Pn} - B_{K1Pn})^2}{n}$$

D_{K3K1} = Distanzmaß zwischen Kunde K3 und K1
B_{K3Pn} = Bewertung von Kunde K3 für Produkt P_n
B_{K1Pn} = Bewertung von Kunde K1 für Produkt P_n
n = Anzahl bewerteter Produkte

$$D_{K3K1} = \frac{(4-2)^2 + (1-4)^2 + (3-2)^2}{3} = 4{,}67$$

$$D_{K3K2} = \frac{\sum_{P=1}^{n}(B_{K3Pn} - B_{K2Pn})^2}{n}$$

D_{K3K2} = Distanzmaß zwischen Kunde K3 und K2
B_{K3Pn} = Bewertung von Kunde K3 für Produkt P_n
B_{K2Pn} = Bewertung von Kunde K2 für Produkt P_n
n = Anzahl bewertete Produkte

$$D_{K3K2} = \frac{(4-1)^2 + (1-5)^2}{2} = 12{,}5$$

2. Nachbarschaft bilden und Grenze der Nachbarschaft berechnen:

$$W_{K3K1} = \frac{L - D_{K3K1}}{L}$$

W_{K3K1} = Gewicht der Nachbarschaft K3 und K1
L = Grenze der Nachbarschaft (Konstante)
D_{K3K1} = Distanzmaß zwischen Kunde K3 und K1

$$W_{K3K1} = \frac{20 - 4{,}67}{20} = 0{,}77$$

$$W_{K3K2} = \frac{L - D_{K3K2}}{L}$$

W_{K3K2} = Gewicht der Nachbarschaft K3 und K2
D_{K3K2} = Distanzmaß zwischen Kunde K3 und K2
L = Grenze der Nachbarschaft (Konstante)

$$W_{K3K2} = \frac{20 - 12{,}5}{20} = 0{,}375$$

b)

Vorhergesagte Bewertung für Produkt 6 berechnen:

$$B_{K3P10} = \frac{(B_{K1P10} * W_{K3K1}) + (B_{K2P10} * W_{K3K2})}{W_{K3K1} + W_{K3K2}}$$

B_{K3P10} = Vorhergesagte Bewertung des Produktes P10 für den Kunden K3
B_{K1P10} = Bewertung des Produktes P10 vom Kunden K1
W_{K3K1} = Gewicht der Nachbarschaft K3 und K1
B_{K2P10} = Bewertung des Produktes P10 vom Kunden K2
W_{K3K2} = Gewicht der Nachbarschaft K3 und K2

$$B_{K3P10} = \frac{(1 * 0{,}77) + (4 * 0{,}375)}{(0{,}77 + 0{,}375)} = 1{,}9$$

13 Internationales Marketing

Aufgabe 1: Markteintrittsentscheidung auf Kapitalwertbasis[31]

Die Geschäftsführung der „Snack-G-free GmbH", ein Hersteller von glutenfreien Lebensmitteln, überlegt, in einen neuen Ländermarkt einzutreten. Dazu wurden in einem Businessplan wesentliche Informationen für den Planungszeitraum von 2023 bis 2026 prognostiziert und zusammengetragen:

- Das Marktvolumen beträgt 7,3 Mio. Stück. Sie rechnen mit einer jährlichen Steigerung von 2 %.
- Der Marktanteil liegt aktuell bei 6 % und kann nach einem Jahr (d. h. im Jahr 2024) voraussichtlich auf 10 % gesteigert werden.
- Der Preis pro Stück liegt bei 50 €. Sie gehen davon aus, dass der Preis nach zwei Jahren (d. h. im Jahr 2025) auf 45 € gesenkt werden muss.
- Die variablen Kosten betragen konstant 41 € pro Einheit, die Fixkosten belaufen sich pro Jahr auf 2,3 Mio. €.
- Darüber hinaus ist eine Anfangsinvestition von 4,2 Mio. € zum Zeitpunkt t = 0 (Jahr 2022) zu tätigen.
- Der relevante Zinssatz beträgt 8,5 %.

Stellen Sie mit Hilfe dieser Informationen eine Wirtschaftlichkeitsrechnung auf Kapitalwertbasis auf.

Lösung:

Bei einer zu tätigenden Anfangsinvestition und keinen Einzahlungen ist der Kapitalwert C_0 definiert als:

$$C_0 = -I + \sum_{t=1}^{T} \frac{(p_t - k_t) \cdot x_t - K_t}{(1 + i)^t}$$

mit

I = Anfangsinvestition
p_t = Preis in Periode t
k_t = variable Kosten in Periode t
x_t = Absatzmenge in Periode t
K_t = Fixkosten in Periode t
i = Zinssatz

---

[31] In Anl. an Backhaus/Voeth (2010), S. 91ff.

Zeitpunkt t	2022	2023	2024	2025	2026
Marktvolumen		7.300.000	7.446.000	7.594.920	7.746.818,4
Absatzmenge		438.000 = 7.300.000 * 0,06	744.600 = 7.446.000 * 0,1	759.492 = 7.594.920 * 0,1	774.681,8 → 774.681 = 7.746.818 * 0,1
Preis		50	50	45	45
Umsatz		21.900.000	37.230.000	34.177.140	34.860.645
Variable Kosten		41	41	41	41
Variable Kosten * Stückzahl		17.958.000	30.528.600	31.139.172	31.761.921
Fixkosten		2.300.000	2.300.000	2.300.000	2.300.000
Markteinführungskosten	4.200.000				
Summe	-4.200.000	1.642.000	4.401.400	737.968	798.724
Kalkulationszins	0,085				
Abgezinste Beträge	-4.200.000	1.513.364,06	3.738.792,5	577.761,12	576.338,70
Kapitalwert	2.206.256,38				

$$C_0 = -4.200.000 + \frac{(50-41)*438.000 - 2.300.000}{1,085} + \frac{(50-41)*744.600 - 2.300.000}{1,085^2}$$

$$+ \frac{(45-41)*759.492 - 2.300.000}{1,085^3} + \frac{(45-41)*774.681 - 2.300.000}{1,085^4}$$

$$= 2.206.256,38$$

Der sich ergebende Kapitalwert ist positiv, daher ist der Markteintritt vorteilhaft.

Aufgabe 2: Neuprodukteinführung in internationalen Zielmärkten

Eine Bierbrauerei hat vier Alternativen zur Einführung eines neuen Produktes in spezifischen Zielmärkten entwickelt. Die Produkte unterscheiden sich je nach Zielland, dementsprechend weichen auch die nötigen Investitionskosten voneinander ab. Die finanzielle Lage des Unternehmens erlaubt es, nur zwei der vier Alternativen umzusetzen. Nachdem die vier Alternativen durch ein Scoring-Modell als grundsätzlich tauglich bewertet wurden, soll nun im Rahmen einer Feinauswahl auf der Basis finanzmathematischer Daten die endgültige Entscheidung erfolgen. Als Basis für Ihr Urteil stehen die Informationen in der folgenden Tabelle zur Verfügung:

Internationales Marketing

	Billigprodukt Zielland: Spanien	Starkbier Zielland: Russland	Alkoholfreies Bier Zielland: USA	Biermix Zielland: England
Preis (in €)	0,6	1,5	2	1,3
Variable Kosten (in €)	0,5	1,2	1,5	1
Erwarteter Absatz				
t_1	3.200.000	1.000.000	1.250.000	950.000
t_2	3.250.000	1.200.000	1.250.000	1.200.000
t_3	3.300.000	1.500.000	1.300.000	1.600.000
t_4	3.400.000	1.900.000	1.300.000	1.800.000
Investitionen				
Investitionen (in €)	430.000	350.000	1.125.000	500.000

Welcher Alternative würden Sie den Vorzug geben?

Untersuchen Sie die Vorteilhaftigkeit der Alternative mit Hilfe der Kapitalwertmethode für einen Kalkulationszinssatz von i = 0,1. Fixkosten sind zu vernachlässigen, da sie durch den Absatz anderer Produkte der Bierbrauerei vollumfänglich gedeckt sind.

Bei einer zu tätigenden Anfangsinvestition und keinen Einzahlungen ist der Kapitalwert C_0 definiert als:

$$C_0 = -I + \sum_{t=1}^{T} \frac{(p_t - k_t) * x_t - K_t}{(1 + i)^t}$$

mit

I = Anfangsinvestition (Anschaffungsauszahlung)
p_t = Preis in Periode t
k_t = variable Kosten in Periode t
x_t = Absatzmenge in Periode t
K_t = Fixkosten in Periode t
i = Zinssatz

Entscheidungsregeln:

Realisiere nur Strategien mit einem KW größer null. Bei Strategiealternativen, die sich gegenseitig ausschließen, realisiere diejenige Strategie mit dem höheren/höchsten KW.

Lösung:

Einzahlungsüber- schüsse (in €)	Billigprodukt Zielland: Spanien	Starkbier Zielland: Russland	Alkoholfreies Bier Zielland: USA	Biermix Zielland: England
t_1	320.000	300.000	625.000	285.000
t_2	325.000	360.000	625.000	360.000
t_3	330.000	450.000	650.000	480.000
t_4	340.000	570.000	650.000	540.000
Diskontierte Einzahlungsüberschüsse				
t_1	290.909,09	272.727,27	568.181,81	259.090,91
t_2	268.595,04	297.520,66	516.528,93	297.520,66
t_3	247.933,88	338.091,66	488.354,62	360.631,10
t_4	232.224,57	389.317,67	443.958,75	368.827,27
Summe	1.039.662,58	1.297.657,26	2.017.024,11	1.286.069,94
Anschaffungs- auszahlung (in €)	430.000	350.000	1.125.000	500.000
Kapitalwert (in €)	609.662,58	947.657,26	892.024,11	786.069,94

Entscheidung:

Entsprechend der o. g. Entscheidungsregel sollten hier Strategie 2 und Strategie 3 realisiert werden, da sie den höchsten Kapitalwert besitzen.

Aufgabe 3: Standardisierte vs. differenzierte Bearbeitung internationaler Märkte[32]

Eine deutsche Restaurantkette für italienische Küche plant die Einführung einer Infront-Cooking-Restaurantmarke, die sich speziell an eine jüngere Zielgruppe richtet (Teenager zwischen 14 und 18 Jahren). Die ersten Restaurants werden in Kürze auf dem Heimatmarkt eröffnet.

Das Unternehmen hat die folgenden Merkmale:

- Name: Teen Pizza
- Logo: Roter Kreis, schematisch angedeutete Pizza
- Angebot: sieben unterschiedliche Pizzen sowie Pastagerichte (individuelle Kombination von fünf verschiedenen Pastasorten mit sechs unterschiedlichen Soßen).

---

[32] In Anl. an Homburg (2017), S. 271f.

Internationales Marketing

- Speisen werden vor den Augen der Kunden frisch zubereitet (Infront-Cooking)
- Preise pro Gericht inklusive Getränk: 4 bis 8 €.

Zudem zieht die Kette für vier weitere Ländermärkte den Markteintritt in Erwägung. Dazu liegen folgende Informationen vor:

	Deutschland	Türkei	Polen	China	USA
Konkurrenzsituation auf dem Markt für Infront-Cooking-Restaurants	Mittel	Leicht	Mittel	Leicht	Schwierig
Produktlebenszyklus Infront-Cooking-Restaurants	Wachstum	Einführung	Einführung	Einführung	Wachstum
Popularität italienischer Küche	Hoch	Mittel	Mittel	Gering	Hoch
Häufigkeit des Auswärtsessens bei Jugendlichen	Gelegentlich	Selten	Selten	Selten	Häufig
Ausprägung des Kollektivismus nach Hofstede	Gering	Hoch	Mittel	Sehr hoch	Sehr gering
Ausprägung der Machtdistanz nach Hofstede	Mittel	Hoch	Hoch	Sehr hoch	Mittel
Bedeutung der Farbe „Rot"	Ärger Liebe Feuer Gefahr	Glück Reichtum	Wertvoll Teuer	Freude Glück Ruhm Kraft Reichtum Festliche Stimmung	Liebe Feuer
Zahlungsbereitschaft für ein Menü	6 €	4 €	4,50 €	3,50 €	7 €
Durchschnittliche monatliche Kaufkraft der Zielgruppe	124 €	70 €	80 €	46 €	131 €
Gesundheitsbewusstsein der Zielgruppe	Mittel	Gering	Gering	Gering	Gering
Vorhandensein eines Kooperationspartners	-	Nein	Nein	Nein	Ja

Erläutern Sie auf Grundlage der Ihnen zur Verfügung stehenden Informationen, welche Ländermärkte standardisiert bzw. differenziert bearbeitet werden sollten.

Lösung:

Auf Grundlage der Daten ergeben sich zwei Regionen, die sich hinsichtlich der beschriebenen Aspekte ähneln und daher eine weitestgehend standardisierte Marktbearbeitung ermöglichen:

- Region 1: USA und Deutschland
- Region 2: Türkei, Polen und China

Gründe für die Zusammenfassung der Länder

Region: USA und Deutschland

- Vergleichbare Konkurrenzsituation in beiden Ländern.
- Es handelt sich bei beiden Ländern um einen Wachstumsmarkt, daher können vergleichbare Strategien verwendet werden.
- Die Farbe „Rot" hat in beiden Kulturen eine ähnliche Bedeutung. Das Logo kann ähnlich designt werde.
- Es sollte darauf geachtet werden, dass TP im Amerikanischen eine gängige Abkürzung für Toilettenpapier ist. Daher sollte eventuell ein anderer Name gewählt werden.
- Italienisches Essen ist bereits bekannt und beliebt und muss deswegen nicht gesondert beworben werden.
- In beiden Ländern ist es durchaus üblich, dass auch Jugendliche ohne Begleitung der Eltern außer Haus essen.
- Die finanzielle Situation der potenziellen Kunden ist ähnlich. Daher kann eine gemeinsame Preisstruktur gewählt werden.
- Das etwas höhere Gesundheitsbewusstsein in der deutschen Zielgruppe sollte berücksichtigt werden. Es könnten auf dem deutschen Markt bspw. besondere fett- oder zuckerreduzierte Angebote aufgenommen werden.
- Die Ausprägung des Kollektivismus/Individualismus ist vergleichbar. Daher kann eine einheitliche Kommunikationspolitik erstellt werden. Die Dimension Machtdistanz ist in diesem Zusammenhang vermutlich nicht von Bedeutung.

Region: Polen, Türkei und China

- Ähnliche Farbbedeutung. Das Logo kann also einheitlich verwendet werden. Allerdings muss berücksichtigt werden, dass in China ein roter Kreis evtl. Assoziationen mit der japanischen Flagge hervorrufen könnte.
- Ähnliche Preisbereitschaft in den Ländern. Aufgrund des geringeren verfügbaren Einkommens sollte versucht werden, preisgünstigere Produkte anzubieten. Das kann erreicht werden, indem das Menü (um teurere Produkte) verkleinert wird. Dadurch können Kosten gespart werden (Economies of Scale).
- In den Ländern können die Wettbewerbsstrategien ähnlich gestaltet werden, da sich der Markt in allen Ländern in der gleichen Produktzyklusstufe befindet. Auch die Konkurrenzsituation ist vergleichbar.
- In allen Ländern ist es bisher nicht üblich, dass Jugendliche alleine außer Haus essen. Diese Tatsache kann in einer einheitlichen Kommunikationspolitik berücksichtigt werden.
- Vergleichbar niedriges Gesundheitsbewusstsein lässt eine Vereinheitlichung dieser Produkte auf dieser Dimension zu. Es müssen jedoch regionale Geschmäcker berücksichtigt werden. Das Thema „Gesundheit" kann also in der Kommunikationspolitik dieser Länder weitgehend vernachlässigt werden.
- In keinem der drei Länder ist ein Kooperationspartner vorhanden, daher kann die Suche nach Kooperations- oder Franchisepartnern zentral organisiert werden.
- Sprachliche und kulturelle Besonderheiten stellen jedoch die Grenze dar, bis zu der der Marketingmix innerhalb der Regionen standardisiert werden kann.

Aufgabe 4: Arbitrage bei internationalem Vertrieb

Sie sind Marketingleiter eines deutschen Unternehmens für High-Tech-Laserbehandlungen. Der Preis der Behandlung liegt bei 1.000 € pro Kunde. Zu diesem Preis lassen sich jährlich 1.000 Kunden behandeln. Die variablen Kosten belaufen sich auf 600 € pro Kunde und die Fixkosten auf 100.000 €. Aufgrund der Begeisterung der polnischen Konsumenten für die neuartige Behandlungsmethode überlegt das Unternehmen (im Jahr 2021), eine zweite Filiale in der polnischen Großstadt Posen zu eröffnen. Marktforschungsstudien ergaben, dass die Nachfrage in Posen 650 Kunden pro Jahr beträgt und dass der optimale Preis für die Behandlung in Polen bei 700 € liegt. Die variablen Kosten liegen in Polen bei 500 € pro Kunde. Für die neue Filiale entstehen zusätzliche Fixkosten in Höhe von 100.000 €.

Es ist davon auszugehen, dass nach der Eröffnung der Auslandsniederlassung 30 % der deutschen Kunden pro Jahr (sofern rentabel) nach Posen reisen würden, um sich dort behandeln zu lassen. Die Kosten für diese Reise belaufen sich auf 150 € pro Kunde.

a) Beurteilen Sie die Vorteilhaftigkeit der Auslandsexpansion durch die Berechnung des Unternehmensgewinnes vor und nach der Eröffnung der neuen Filiale.

b) Durch den Markteintritt neuer Konkurrenten ist in den Folgejahren ein jährlicher Preisverfall auf dem deutschen Markt in Höhe von 10 % pro Jahr (c. p.) zu erwarten. Berechnen Sie den Unternehmensgewinn mit und ohne Eröffnung der neuen Filiale für die Jahre 2022–2024.

c) Welche Empfehlung würden Sie dem Unternehmen anhand der in b) berechneten Werte für den Zeitpunkt des Markteintritts in Polen geben?

Lösung:

a)

$G_{vorher} = p * x - k_v * x$

$= 1.000 * 1.000 - 600 * 1.000 - 100.000$

$= 300.000$

$G_{nach} = G_{Filiale1} + G_{Filiale 2}$

$= (1.000 * 700 - 600 * 700 - 100.000) + (700 * 950 - 500 * 950 - 100.000)$

$= 180.000 + 90.000 = 270.000$

Antwort: Da der Gewinn nach der Eröffnung der ausländischen Filiale geringer ist als ohne die Auslandsexpansion, ist die Filialeröffnung nicht lohnenswert.

b)

Jahr	Ohne Filiale	Mit Filiale ($G = G_{Filiale1} + G_{Filiale2}$)
2022	G = 900 * 1000 – 600 * 1000 – 100.000 = 200.000	G = (900 * 700 – 600 * 700 – 100.000) + (700 * 950 – 500 * 950 – 100.000) = 200.000
2023	G = 810 * 1000 – 600 * 1000 – 100.000 = 110.000	Keine Arbitrage mehr, da $P_{Dtl.} - P_{Polen}$ = 810 – 700 = 110 < 150 G = 110.000 + (700 * 650 – 500 * 650 – 100.000) = 140.000
2024	G = 729 * 1000 – 600 * 1000 – 100.000 = 29.000	Keine Arbitrage G = 29.000 + (700 * 650 – 500 * 650 – 100.000) = 59.000

c)

Das Unternehmen sollte den Markteintritt im polnischen Markt bis 2023 verzögern, da erst ab 2023 durch fehlende Arbitragemöglichkeiten (Arbitrage nicht mehr rentabel) der Gesamtgewinn durch die Eröffnung der ausländischen Filiale gesteigert werden kann.

Aufgabe 5: Internationale Preisstandardisierung

Ein deutscher Bauhelmhersteller plant, sein Produkt auch auf zwei ausländischen Märkten anzubieten. Da das Unternehmen nur über eine kleine Marketingabteilung verfügt, wird eine Standardisierung des Marketing-Mix, insbesondere der Preispolitik, favorisiert. Für den deutschen Markt wurde die folgende Preisabsatzfunktion ermittelt: $x(p_a) = 110 - 1{,}5 p_a$. Für die zwei ausländischen Märkte (Land B und Land C) konnten die folgenden Preisabsatzfunktionen ermittelt werden: Land B: $x(p_b) = 105 - 2 p_b$; Land C: $x(p_c) = 135 - 3{,}5 p_c$. Für alle drei Märkte betragen die variablen Kosten jeweils 25 €. Das Unternehmen plant einen länderübergreifend einheitlichen Preis von 45 € pro Helm und möchte eine Umsatzrendite von 50 % erzielen. Würden Sie dem Bauhelmhersteller die Preisstandardisierung empfehlen?

Lösung:

Land	Absatzmenge	Umsatz	Gewinn
Land A	$x(45) = 42{,}5 \rightarrow x = 42$	$U_A = 42 * 45 = 1890$	$G_A = 42 * 20 = 840$
Land B	$x(45) = 15$	$U_B = 15 * 45 = 675$	$G_B = 15 * 20 = 300$
Land C	$x(45) = -22{,}5 \rightarrow x = 0$	$U_C = 0$	$G_C = 0$
Summe		$U = 2565$	$G = 1140$

Umsatzrendite = 1140 / 2565 = 0,4444 = 44,44 %

Antwort: Eine Preisstandardisierung bei einem Preis von 45 € ist nicht zu empfehlen, da die Umsatzrendite lediglich 44,44 % beträgt und folglich die gewünschte Umsatzrendite von 50 % nicht erreicht wird.

Literatur

Backhaus, K./Voeth, M. (2010) Internationales Marketing, 6. Aufl., Schäffer Poeschel.

Bruhn, M. (2019) Marketingübungen, 6. Aufl., Springer Gabler.

Burchert, H./Razik, S./Schneider, J./Vorfeld, M. (2014) Externes und internes Rechnungswesen. Klausuren, Aufgaben und Lösungen, Oldenbourg.

Farris, P.W./Bendle, N.T./Pfeifer, P./Reibstein, D.J. (2017) Key marketing metrics: the 50+ metrics every manager needs to know. Pearson UK.

Fourt L.A./Woodlock J.W. (1960) Early prediction of market success for new grocery products, Journal of Marketing, 25 (2), S. 31–38.

Helm, R./Gierl, H. (2005) Marketing Arbeitsbuch, 4. Aufl., UTB.

Homburg, C. (2017) Übungsbuch Marketingmanagement, 2. Aufl., Springer Gabler.

Laakmann, K. (1995) Value-added services als Profilierungsinstrument im Wettbewerb: Analyse, Generierung und Bewertung, Lang.

Meffert, H./Burmann, C./Kirchgeorg, M. (2013) Marketing Arbeitsbuch. Aufgaben – Fallstudien – Lösungen, 11. Aufl., Gabler.

Michel, S./Buntschu, K./Oberholzer Michel, K. (2018) Marketing. Eine praxisorientierte Einführung mit zahlreichen Beispielen, 7. Aufl., Compendio Bildungsmedien.

Schierenbeck, H./Wöhle, C.B. (2011) Übungsbuch Grundzüge der Betriebswirtschaftslehre, 10. Aufl., Oldenbourg.

Stauss, B./Seidel, W. (2014) Beschwerdemanagement: unzufriedene Kunden als profitable Zielgruppe, 5. Aufl., Carl Hanser Verlag.

Walsh, G./Deseniss, A./Kilian, T. (2020) Marketing – Eine Einführung auf der Grundlage von Case Studies, 3. Aufl., Springer Gabler.

Die Autoren

Professor Dr. Gianfranco Walsh ist Leiter des Instituts für Marketing und Management an der Leibniz Universität Hannover. Er studierte Betriebswirtschaftslehre und Management Science in Lüneburg und Manchester. Anschließend promovierte und habilitierte er an der Leibniz Universität Hannover.

Professor Dr. David B. Dose ist Associate Professor in Marketing an der University of Exeter. Er studierte Informationsmanagement und Wirtschaftswissenschaften an der Universität Koblenz-Landau und der Copenhagen Business School. Anschließend promovierte er an der Universität Jena.

Christopher Funke ist wissenschaftlicher Mitarbeiter am Institut für Marketing und Management an der Leibniz Universität Hannover. Er studierte Wirtschaftswissenschaften und Betriebswirtschaftslehre an der Universität Jena mit einem Auslandsaufenthalt in Coimbra, Portugal.

The manufacturer's authorised representative in the EU is Springer Nature Customer Service Centre GmbH, Europaplatz 3, 69115 Heidelberg, Germany. If you have any concerns regarding our products, please contact ProductSafety@springernature.com

Printed and bound by CPI Group (UK) Ltd, Croydon, CR0 4YY

23/03/2026

02076465-0015